화폐의 추락

화폐의 추락

우 리 가 놓 친 인 플 레 이 션 의 시 그 널

스티브 포브스
네이선 루이스
엘리자베스 에임스 지음

방영호 옮김

INFLATION

RHK
알에이치코리아

'높은 물가 상승률에 대한 두려움이 더 커지고 있는가?'

'소비자 물가 급등!'

'10년이 넘는 기간 동안 인플레이션 상승 속도 매우 가팔라…'

최근 이런 표제어를 어디서나 심심치 않게 접할 수 있다. 〈뉴욕포스트 *New York Post*〉의 1면 기사만 훑어봐도 생산자 가격이 갑자기 치솟았으며, 물가 상승률 또한 역대 최악의 수준이라는 점을 분명히 알 수 있다.

롱아일랜드의 슈퍼마켓을 찾은 한 손님은 불과 두 달 만에 식료품 가격이 2배로 올랐다며 넋두리를 늘어놓는다. 고기와 생선 같은 값비싼 품목이 아닌 생활필수품만 샀는데도 말이다.

버지니아주에서 활동하는 한 자동차 판매업자는 "대중적인 중고 차량 일부의 시세가 신차의 초기 표시 가격보다 높게 형성되었다."라며 물가가 그토록 빨리 치솟는 현상에 혀를 내둘렀다.

사우스캐롤라이나주의 한 부동산 중개업자는 목재의 가격이 상승한 탓에 신규 주택 건설에 차질이 발생하고 있고 그로 인해 주택 가격이 터무니없이 비싸졌다고 불평했다.

〈블룸버그Bloomberg〉의 보도에 따르면, 캘리포니아주의 한 자전거 판매점을 찾는 고객들은 최고급 산악자전거의 가격이 6개월이 채 안 되어 10%나 올라 4,800달러에 가깝다며 입을 다물지 못한다. 출시 예정 모델의 가격도 계속 오를 것으로 예상한다.

사람들은 연일 이어지는 식료품, 연료, 자동차, 기타 생활필수품의 가격이 두 자릿수 상승률을 기록했다는 언론 보도에 충격을 받고 있다. 대중의 불안감에 더해 정부 지출이 계속 증가해 연방 부채가 이제 미국 전체 경제 규모를 초과하게 되었다. 이 막대한 채무의 대부분은 미국의 중앙은행인 연방준비제도Federal Reserve 가 장기 국채를 통해 조달하고 있다. 연방준비제도가 허공에서 찍어낸 화폐로 국채를 매입하는 것이다.

이처럼 공격적인 지출에 연방준비제도의 화폐 발행이 더해져 시중에 막대한 돈이 풀렸다. 2019년에서 2021년 중반까지 통화량은 20조 달러라는 엄청난 액수를 초과하여 35% 이상 폭증했다.

사실 과도한 '돈 찍어내기'가 위험한 인플레이션을 초래할 가능성이 있다는 경고음은 계속해서 울리고 있었다. 최초로 우려를 표했던 사람 중 한 명은 래리 서머스Larry Summers다. 케인스학파 경제학자인 서머스는 클린턴 행정부에서 재무장관을 역임한후 오바마 대통령의 수석 경제고문을 지낸 인물이다. 서머스는공개적으로 우려를 표했다. "우리는 인플레이션의 측면에서 매우 실질적인 위험을 겪고 있습니다." 그는 이어서 다음과 같이 경고했다. "우리는 돈을 찍어내고 있습니다. 국채를 발행하고, 전례없는 규모로 돈을 빌리고 있습니다. 이런 정책들이 이전보다 급격한 달러 하락과 같은 더 많은 위험을 야기할 게 분명합니다. 그리고 급격한 달러 하락은 역사적으로 그랬던 것보다 인플레이션으로 전환될 가능성이 훨씬 더 높습니다."

미국은 1970년대에 경기 침체와 결합된 두 자릿수 물가 상승률이 10년간 이어졌다. 서머스를 비롯한 일각에서는 1970년대의 '대 인플레이션Great Inflation'이 재현될까 우려하고 있다. (그 시절에 불안감의 표현이었던) '스태그플레이션stagflation'이라는 말도공공의 토론 자리에 다시 등장했다. 일부 관측자들은 심지어 '하이퍼인플레이션hyperinflation의 망령을 불러낸다. 이는 1920년대초 바이마르 독일을 황폐화한 역사적 위기, 또 오늘날 베네수엘라 같은 국가들을 허물어지게 만든 대혼란에 맞먹는 것이다.

그러나 연방준비제도의 관료들은 처음에 그런 경고들을 무시했다. 그들은 물가 상승이 '일시적 현상(코로나19로 인한 공급망 중단의 영향)'일 뿐이라고 주장했다. 그러다 연말이 다가오자 태도가 바뀌기 시작했다. 물가 상승률이 6%를 웃돌자, 연방준비제도 이사회 의장 제롬 파월Jerome Powell이 '일시적'이라는 단어를 '버릴' 때가 되었다는 점을 인정했다.

조 바이든Joe Biden 대통령으로서는 물가 인상 및 그 모든 정부 지출에 대한 우려를 떨쳐내야 했다. '현대화폐이론Modern Monetary Theory, MMT'으로 알려져 있고 최근 유행하는 급진 좌파의 지지 이론을 기반으로 바이든은 정부 지출이 실제로 인플레이션을 억제한다고 주장했다. 어떻게 정부 지출로 인플레이션을 억제할까? 바이든은 2021년 백악관에서 진행한 연설에서 정부 지출로 "우리 경제의 병목 현상을 해소한다."라고 설명했다.

바이든은 이어서 인프라에 대한 막대한 지출이 생산성(물가 인상 없는 임금 인상)을 증가시킬 것이라고 하면서 케인스학파 경제학자들(대개는 중앙은행의 '통화 부양책'을 지지한다)까지도 놀라게 했다. 그렇게 하면 인플레이션이 확대되지 않을 것이며, 인플레이션 압력이 완화되고 노동 인구가 활력을 얻어 향후 물가가 하락할 것이란 주장이었다.

정말 그럴까? 사건은 아직 진행 중이다. 그래도 한 가지는 분명하다. 인플레이션은 혼란이 지배하는 현상이라는 점이다. 로마의 멸망부터 주택 경기 붕괴, 2008년 세계 금융 위기까지 돈에 대한 오해에서 시작되어 사람들의 삶과 사회를 혼란에 빠뜨린 재앙이 셀 수 없이 이어졌다. 만약 사람들이 인플레이션의 원인과 결과를 잘 이해했다면, 파괴적인 결과를 상당 부분 피할 수 있었을 것이다.

인플레이션은 왜 일어날까? 왜 연방정부와 연방준비제도 관료들의 주장과 달리 거의 모든 수준의 인플레이션이 경제와 사회에 악영향을 미칠까? 이런 의문들을 숨김없이 논의한 결과로 이 책이 탄생했다.

1장에서 살펴보겠지만, 인플레이션을 잘못 인식한 사례는 짐바브웨 달러만큼이나 많다고 할 수 있다(짐바브웨는 역대 가장 심각한 통화 팽창을 일으킨 국가다). 우리가 언론에서 종종 접하곤 하는, 고용을 확대하고 번영을 이루기 위해 연방준비제도가 '약간의 인플레이션'을 유발할 필요가 있다는 말도 인플레이션을 잘못 인식한 대표적 예시다. 그런데 경제 번영이 '과도할 때', 중앙은행이 금리를 인상해야 '경기 과열'을 억제해 인플레이션을 방지한다는 이야기 또한 우리는 듣는다. 이와 같은 모순이 머리를 지끈하게 하기도 한다.

오늘날의 막대한 정부 지출을 (충분한 이유를 가지고) 염려하는 사람들조차도 대개 이해를 제대로 하지 못한다. 늘어나는 연방 부채를 미래 세대가 감당해야 할 것이라는 우려 섞인 소리를 자주 듣는다. 그러나 현실은, 인플레이션이라는 은밀한 세금을 통해 우리가 이미 그 부채를 갚고 있다는 것이다.

이런 잘못된 인식이 인플레이션에 대한 예상을 계속 엇나가게 했다. 2020년 말, 연방준비제도 관료들은 자신들이 선호하는 물가지표인 개인소비지출 Personal Consumption Expenditures, 이하 PCE 물가지수에 따라 다음 해 물가 상승률이 최소 수준인 1.8%에 불과할 것으로 예측했다. 꿈같은 이야기였다. 2021년 말, PCE가 5%나 상승했다(물가 상승률은 명목 GDP 성장률의 74%를 차지했다).

이런 잘못된 예측이 잘못된 정책으로 이어진 사례는 너무 흔하다. 전문가들이 고안한 인플레이션 대책들이 대부분 실패를 거듭했고 보통은 불안감을 심화시켰다는 사실도 전혀 놀랍지 않다. 만성적 하이퍼인플레이션을 겪는 베네수엘라뿐만 아니라 미국과 개발도상국들에서도 마찬가지다.

실패한 인플레이션 대책과 관련한 가장 악명 높은 사례는 1971년 리처드 닉슨Richard Nixon 대통령이 일으킨 닉슨 쇼크였다. 이처럼 잘못 판단된 조치에는 임금과 물가의 동결, 관세 부과, 다른 무엇보다도 금 본위제도 기반의 브레턴우즈 체제의 폐지가 포함되었다. 금과의 연결고리가 끊어지면서 한때 매우 안정적이었던 달러(미국이 번영을 이룬 기반)가 불안정한 '명목 화폐flat money'로 전환되어 세계 통화 시장에서 변동을 거듭했다.

닉슨이 야기한 '쇼크'로 세계 금융 시스템이 혼돈에 휩싸였다. 그에 따라 1970년대의 '대 인플레이션', 에너지 위기를 비롯해 50년간 화폐 시스템의 불안정이 초래되었다. 최근의 일을 살펴보면 2021년 인플레이션이 발생했을 뿐만 아니라 2008년과 2009년의 금융 위기가 도래했으며 금 가격에 연계되었던 달러의 가치가 98%나 폭락하는 등 장기간에 걸쳐 침식되었다.

이 책에서 소개한 재앙에 가까웠던 여러 구제책과 마찬가지로 닉슨의 치유책은 인플레이션의 근본 원인을 악화시킨 탓에 실패로 돌아갔다. 즉, 통화 가치가 하락했다(이 경우에는 달러 가치가 감소했다).

화폐가 발명된 이래 다른 무엇보다도 화폐가 '가치의 척도'라는 사실을 너무 많은 지도자가 제대로 이해하지 못했다. 화폐가 기능을 다 하고 시장이 작동하려면, 화폐의 가치가 안정되어야 한다. 4,000년에 걸친 화폐의 역사는 대개 화폐에 변화를 주어 그 가치를 낮춤으로 다양한 문제를 해결하고자 했던 정부의 반복된 패턴을 보여준다. 그런 조치의 영향이 심각했던 나머지 차기 정부는 절대로 그런 실수를 반복하지 않겠다고 선언하지만, 어떻게든 그들은 늘 반복한다.

위대한 물리학자 뉴턴은 안정적인 화폐를, 추앙받는 자신의 이론인 만유인력의 법칙만큼 근본적인 개념으로 이해한 사람 중 하나였다. 철학자 존 로크John Locke와의 인맥을 동원해 영국의 왕립 조폐국 국장이 되었던 뉴턴은 1690년대에 조폐 시스템을 표준화하고 화폐의 가치를 유지하는 등 화폐 제도를 개혁했다. 이후 1717년, 뉴턴은 영국 파운드화의 금 가치를 3파운드 17실링 10.5펜스(또는 3.89파운드)로 결정했다. 이 비율은 200년이 넘도록 유지되었다.

영국은 금 기반의 화폐를 고수한 덕에 국가의 부를 늘릴 기반을 형성했으며 국제 금융 중심지로 부상할 수 있었다. 18세기 말에 접어들어서는 산업 혁명의 발상지가 되었다. 신뢰할 만한 파운드화 덕분에 작은 섬나라 영국은 2선 국가에서 세계 산업 패권국으로 부상했다.

뉴턴이 파운드를 금 가격에 고정하고 70년 이상이 지난 후, 미국의 초대 재무장관인 알렉산더 해밀턴exander Hamilton이 영국의 사례를 모방해 달러를 금과 은에 고정함으로써 신생 미국의 금융 시스템을 구축했다. 신생 공화국을 세계 경제 선도국의 반열에 올려놓은 역사적 호황에서 안정된 달러가 핵심적인 요인이 되었다. 19세기 후반에는 일본뿐만 아니라 여러 유럽 국가들이 영국과 미국을 따라 금 기반의 화폐를 채택했다. 고전적 금 본위제의 시대에는 여러 측면에서 지금과도 비교할 수 없을 만큼 사고, 팔고, 혁신하는 활동이 폭발적으로 증가했다.

반면에 지금의 정치권과 경제계는 약간의 인플레이션을 일으키는 '통화 팽창monetary expansion'이 경제를 자극하기 위해 필요하다는 개념을 고수한다. 시간이 지나면서 이런 태도로 인해 통화 가치가 계속 하락했다. 역사가 (그리고 이 책이) 주는 교훈은 분명하다. 돈의 가치를 무너트려서 부를 일군 국가는 하나도 없었다는 사실이다.

수 세기 전, 애덤 스미스Adam Smith는 시장에서 서로의 필요를 충족시키는 사람들이 진정한 부를 창출하는 모습을 지켜봤다. 사고, 팔고, 혁신하는 과정이었다. 스미스가 살았던 시대가 그랬듯이 지금도 마찬가지다. 기술이 발전하면 부가 창출된다. 즉, 일자리가 생기고 생산성이 증가하고 한층 더한 혁신과 부의 창출이 이어진다. 예를 들어, 아이폰 같은 기기 또는 아마존닷컴 같은 전자상거래 사이트에 의해 수백만 개의 일자리, 셀 수 없이 많은 부수적 사업, 엄청난 부가 창출된 사례를 떠올리면 이해하기 쉽다. 이처럼 혁신적인 비즈니스, 이와 유사한 비즈니스가 인류를 앞으로 나아가게 한다.

통화의 가치가 하락할 때 뜻밖의 재물을 얻는 사람들도 물론 있다. 그렇다 해도 사회 전체는 손실을 본다. 인플레이션으로 인해 가격과 시장이 완전히 왜곡될 때, 성장과 발전이 억제되고 불공정이 발생하며 불평등이 심해지고 긴장이 고조된다. 그 결과 사회적, 문화적 붕괴('대 혼란The Great Disorder'이라고 불린 현상)가 일어난다.

1장 '인플레이션은 무엇인가?'에서는 인플레이션이 실제로 무엇을 의미하는지, 사람들이 흔히 생각하는 인플레이션이 무엇인지, 두 개념의 차이를 따져본다. 사람들은 대개 인플레이션이라고 하면 '물가가 상승하는 현상'이라고 생각한다. 그런데 물가 상승은 인플레이션의 결과이지 인플레이션의 원인이 아니다.

인플레이션은 실제로 두 유형으로 나뉜다. '비화폐적non-monetary' 인플레이션의 물가 상승은 보통 시장에서 자연 발생하는 상품과 서비스의 수요 증가세가 원인이 된다. 반면에 '화폐적monetary' 인플레이션은 중앙은행이 화폐를 발행하거나 여러 정책이나 조치로 인해 화폐의 가치가 떨어질 때 발생한다. 이 책에서는 바로 두 번째 유형의 인플레이션에 집중하여 수 세기에 걸쳐 사회와 경제가 붕괴한 원인을 들여다본다.

2장 '인플레이션 역사의 안타까운 순간들'에서는 로마의 몰락에서 시작된 화폐적 인플레이션과 이와 관련한 가장 악명 높은 사례들을 살펴본다. 모든 것이 '인간이 초래한 재앙'이었다. 보통은 정부가 돈을 마구 찍어내어 통화 가치를 추락시켰다.

그럼에도 대규모 통화 공급이 곧 인플레이션을 의미하지는 않는데, 이렇게 관심이 덜했던 부분을 2장에서 다룬다. 경제에서 모든 것의 가치가 그러하듯이, 통화의 가치도 수요 대비 공급의 비율로 결정된다. 그래서 소규모 국가인 스위스는 그 규모에 비해 대규모 통화가 공급되었어도 인플레이션이 거의 발생하지 않았다. 스위스 프랑이 세계에서 가장 신뢰받는 통화로 수요가 높기 때문이다.

이어서 사회주의 성격의 현대화폐이론 옹호자들이 오늘날 제기한 물음('왜 우리는 돈을 찍어낼 수 없는가?')을 살펴본다. 최근 팬데믹으로 인해 결과적으로 물가가 상승하긴 했지만, 2008년 금융 위기 이후 연방준비제도가 경기를 부양하고자 '양적 완화 Quantitative Easing'라는 역사상 전례 없는 통화 확장 정책을 시행했을 때에는 인플레이션이 비교적 미미한 수준에서 발생했다. 현대화폐이론의 지지자들은 연방준비제도뿐만 아니라 유럽 중앙은행도 이미 현대화폐이론의 원칙에 따라 운영되고 있다며 자신들의 주장을 정당화했다. 통화의 '법칙'에 대한 이런 명백한 저항이 왜 근본적으로 이례적인 것(은행 규제 및 중앙은행의 교묘한 조치에 따른 결과)인지 앞으로 설명한다. 이처럼 일회성 사건들로 인해 은행의 대출이 억제되었으며 돈이 시중에 풀리지 않았다.

최근에 와서 연방준비제도 관측통들이 추측한 바에 따르면, 역환매조건부약정 reverse repurhcase agreement(비공식적으로 역레포, 역 RP reverse repo라고 한다)이라고 알려진 중앙은행의 난해한 거래방식으로 매우 심각한 인플레이션을 막을 수 있었다. 이 연방준비제도의 술책이 중앙은행의 화폐 발행에 따른 완전한 효과를 적어도 일시적으로 완화하려던 목적이었다는 점을 2장에서 설명한다. 연방준비제도가 '단순히 돈을 찍어내는 것처럼' 보일지도 모른다. 그런데 소비자 물가의 상승이 결국 시사하듯이, 중력은 그토록 오랫동안 저항을 받을 수 있다. 현대화폐이론의 원칙은 하이퍼인플레이션의 원인이 된다.

3장 '인플레이션은 왜 나쁜가?'에서는 모든 수준의 인플레이션이 궁극적으로 파괴적인 이유를 설명한다. 연방준비제도의 경제학자들은 낮은 수준의 인플레이션이 좋은 이유가 번영을 불러일으키기 때문이라고 주장한다. 이런 어긋난 믿음은 고용률과 인플레이션의 상충관계를 보여주는 필립스 곡선 Philips Curve 덕분에 연방준비제도의 절대 진리가 되었다. 이 그릇된 상관관계를 반박한 경제학자들에게 일곱 차례에 걸쳐 노벨상이 수여된 바 있다. 그렇지만 수많은 나쁜 개념이 그러하듯이, 그릇된 믿음은 쉽게 사그라지지 않는다. 오히려 현실에서는 정반대의 일이 벌어진다. 인플레이션이 초기에 '슈거하이 sugar high(경제가 근본적으로 개선되지 않고 일시적으로 좋아지는 현상을 비유한 말-옮긴이)를 유발하기도 한다. 그러나 머지않아 경기가 침체하고 고용 창출이 둔화한다.

이는 최악의 화폐 조작국들에만 해당하는 이야기가 아니다. 미국도 지난 50년간 서서히 달러 약세가 진행된 결과로 대가를 치렀다. 만약 1950년대와 1960년대 금 본위제 시대의 성장률을 유지했다면, 경제가 지금보다 50% 이상 성장했을 것이다.

그런데 인플레이션의 가장 파괴적인 효과는 사회적 신뢰에 영향을 미친다는 것이다. 돈은 결국 상호 합의된 가치의 단위를 제공하여 낯선 사람들 간에 거래가 이루어지도록 발명한 것이다. 달리 말하면, 돈은 신뢰를 촉진하는 수단이다. 또한 시장은 곧 사람이다. 그래서 돈이 더는 신뢰할 수 있는 가치의 단위가 아닐 때, 거래뿐만 아니라 사회적 관계도 결국에 끊어진다.

극심한 인플레이션으로 고통받는 국가들은 결국 심각한 수준의 범죄와 부패, 사회 불안을 겪게 된다. 우리가 역사를 통해 지켜봤듯이, 결말은 늘 권력자들과 독재자들에게 비극적인 상황으로 돌아간다. 이런 일은 일어나지 말아야 한다.

4장 '불안감을 종식하는 법'에서는 인플레이션을 제대로 이해하면 놀라울 정도로 빨리 멈출 수 있다고 설명한다. 물가 통제 같은 인플레이션 억제 방식에 문제가 있다면, 화폐 가치의 하락이라는 원인이 아니라 인플레이션의 현상에 집중한다는 점이다. 비교적 보기 드문 인플레이션 진압 사례도 4장에서 들여다보는데, 루트비히 에르하르트Ludwig Erhard가 제2차 세계 대전 이후 인플레이션과의 싸움에서 승리한 사례, 이와 유사한 사례로 디트로이트 은행 회장이었던 조지프 도지Joseph Dodge가 전후 일본에 파견되어 인플레이션을 해결한 일, 폴 볼커Paul Volcker가 1970년대 미국의 스태그플레이션을 진압해 낸 사례를 소개한다. 세 사람은 모두 이 책의 공동 저자인 네이선 루이스Nathan Lewis가 '마법의 공식The Magic Formula이라고 부르는, 안정된 화폐와 낮은 세금을 실현하기 위해 행한 조치로 성공했다. 이 강력한 조합이 몇 번이고 돈에 대한 욕구와 함께 경제의 활력과 성장을 촉발함으로써 하락하던 통화가 회복되고 인플레이션이 잡혔다.

4장에서는 또한 오늘날의 인플레이션을 종식하는 최선책(금 기반 화폐로 회귀하는 것)을 고찰한다. 또한 국가가 막대한 금 공급을 유지할 필요 없이 달러를 안정시키는 새로운 금 본위제를 제안하고 간략히 소개한다. 이 제도는 비교적 짧은 시간에 시행될 수 있다. 그에 따라 건전하고 안정된 달러가 부활해 기업가적 창의성과 진보를 위한 동력으로 기능할 수 있다.

5장 '인플레이션에서 당신의 돈을 지키는 법'에서는 인플레이션 시기의 투자 지침을 제시한다. 거의 언급되지 않았던 사실인데, 증권 시장은 인플레이션의 왜곡으로 영향을 받는 곳이다. 거품이 낀 시장은 가치의 하락세를 가린다. 그래서 투자자들은 이를 항상 의식해야 한다. 그간 위험과 수익 간 최적의 비율은 '60:40'이라는 것이 통념이었다. 이는 60% 주식에 40% 채권을 의미하는데, 이 논리를 인플레이션이 완전히 뒤집는다. 이런 점에서 인플레이션 시기에 대비한 투자의 기초를 들여다본다. 이어서 원자재 commodities 와 물가연동채권 Treasury inflation-protected securities, 이하 TIPS 부터 암호화폐 cryptocurrencies 같은 대체 투자 수단에 이르기까지 다양한 유형의 옵션에 대한 장단점을 살핀다.

6장 '번영으로 가는 길'에서는 이 책의 핵심 요점을 실현하는 10가지 비결을 소개한다. 이 장에서 '우리는 여기서 어디로 향하는가?'라는 물음이 제기된다. 존 로크와 아이작 뉴턴이 전수한 금융 부문의 절대적 법칙을 깨우쳐야 물음의 답을 구할 수 있다. 다시 말해, 안정된 화폐의 중요성 및 인플레이션의 파괴성을 이해해야 한다는 말이다.

들어가며 5

1장 인플레이션은 무엇인가?

서서히 침식하는 달러 28 | 실제 인플레이션 vs. 체감 인플레이션 31 |
인플레이션의 두 유형은 무엇인가? 34 | 인플레이션의 '화폐 착각'에서
깨어나기 38 | 금은 왜 필수 인플레이션 지표인가? 40 | 인플레이션의
경고 신호 42 | 돈이 가치를 잃을 때 44

2장 인플레이션 역사의 안타까운 순간들

화폐 찍어내기가 곧 인플레이션은 아니다 59 | 공급 과잉 없는 통화의
실패 61 | 공급과 수요, 그리고 신뢰 상실 62 | 하이퍼인플레이션이라는
대폭풍 65 | 하이퍼인플레이션은 단순히 '극심한 인플레이션'이 아니다
68 | 현대의 인플레이션주의 69 | 연방준비제도의 케인스주의 정책 실
패 72 | 케인스주의에서 엄청난 인플레이션까지 75 | 그리고 연주는 계
속된다… 77 | 왜 돈을 더 찍어내지 못할까? 80

3장 인플레이션은 왜 나쁜가?

연방준비제도를 지배하는 후진적 사고 90 | 인플레이션의 가공할 불평등 94 | 부채의 조력자 97 | 화폐 착각에 속는 시장 100 | 인플레이션의 왜곡 102 | 좋은 거품과 나쁜 거품 104 | 세금도 팽창한다 105 | 인플레이션은 어디로 향하는가: 스태그플레이션 107 | 낮은 수준의 인플레이션: 점진적 스태그플레이션 109 | 정부 규제 확대는 곧 자유의 축소 111 | 신뢰가 흔들리다 113 | 사회의 질적 저하 115 | 우리는 로마제국과 같은 운명일까? 118 | 아직 아무도 우려하지 않는 위험 120

4장 불안감을 종식하는 법

긴축 정책에 대한 잘못된 믿음 132 | '치료'가 실패하는 이유 136 | 실질적인 인플레이션 대책 141 | 전후 독일과 일본에 일어난 돈의 기적 143 | 폴 볼커는 어떻게 1970년대 스태그플레이션을 진압했나 146 | 지금 중요한 것은? 152 | 인플레이션을 없애는 완벽한 방법 155 | 금: 번영으로 가는 길 156 | 금에 대한 잘못된 믿음에서 벗어나기 160

5장 인플레이션에서 당신의 돈을 지키는 법

시장 상황 파악하기 170 | 최상의 인플레이션 지표 173 | 포트폴리오를 재조정해야 할까? 178 | 주식: 가치가 상승하지만 항상 성장하지는 않는 자산 179 | 채권: 유행이 바뀐 상품 187 | 부동산: 몇 가지 경고 189 | 금과 귀금속 193 | 암호화폐 투자는 어떨까? 196 | 인플레이션이 끝날 때 해야 할 일 198 | 경제에 비추는 인플레이션의 밝은 전망 201

6장 번영으로 가는 길

참고문헌 220

1장

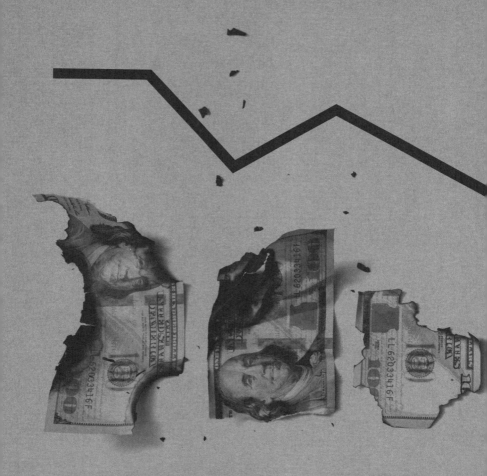

인플레이션은
무엇인가?

What Is
Inflation?

　짐바브웨는 세계에서 가장 악명 높은 인플레이션을 겪은 국
가다. 한때 하이퍼인플레이션이 급속히 진행되어 짐바브웨 정부
는 100조 달러 지폐를 발행했다. 결국 기존 화폐를 폐지한 후 새
로운 화폐를 도입했는데, 이런 일을 여러 차례 반복했다. 말 그대
로 인플레이션에 대한 오해를 잘 보여주는 사례로, 짐바브웨의
달러나 베네수엘라의 볼리바르 및 아르헨티나의 페소(통제 불능
일 정도로 팽창한 두 나라의 통화)가 가장 대표적이다. 때로는 그보
다 더 심각하게 보이는 사례도 있다.
　역사를 통틀어 인플레이션은 궂은 날씨부터 노조, 월스트리트
의 탐욕까지 온갖 대상의 탓으로 돌려졌다. 1920년대 초 바이마
르 공화국에서 발생한 하이퍼인플레이션을 두고 독일인들은 유

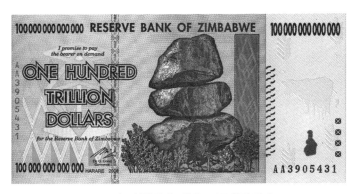

2008년 도입된 짐바브웨의 100조 달러 지폐
인플레이션의 상징

대인 상점 주인들과 은행 금융업자들 탓을 했다. 그보다 수 세기 전의 로마인들은 기독교 신자들에게 책임을 돌렸다. 중세 시대에는 마녀들이 인플레이션을 일으킨 원인으로 몰렸다.

지금까지 해당 주제에 관한 논의는 오류와 잘못된 추정으로 가득했다. 예컨대, 소비자 물가 상승이 반드시 인플레이션을 암시하지는 않는다. 인플레이션과 관련해서는 '너무 많은 돈을 가진 사람들이 너무 적은 상품을 사려고 한다'라는 개념처럼 빈번하게 사용되는 표현도 오해를 부를 수 있다. 인플레이션은 생계비를 급등시킬 수 있지만, 소비자 물가의 급격한 상승 없이 서서히 발생할 수도 있다.

현상에 대한 오해가 확산하는 이유는, 정책 입안자들이 그릇된 해결책에 의존하는 일이 너무도 많기 때문이다. 1970년대 초 리처드 닉슨 대통령은 국제 투기꾼들이 달러 가치를 끌어내렸다며 '마일드 인플레이션mild inflation'을 그들의 탓으로 돌렸다. 닉슨의 대응은 불명예스러운 '닉슨 쇼크'◆를 초래했다. 수입품에 관세를 물린 것에 더해 임금과 물가를 통제하는 등 일련의 경제 조치를 취했다. 이 정책의 가장 악명 높은 영향은 달러와 금 1온스가 교환 비율로 고정되어 가치가 안정되었던 브레턴우즈 통화 체제를 결국 붕괴시킨 것이다.

◆ 닉슨 쇼크: 긴급 성명을 통해 수입품에 관세 10% 부과, 금의 교환 정지를 포함한 신경제 정책을 발표하여 세계 경제가 영향을 받은 사건. 이로 인해 금 1온스의 가치를 35달러로 고정시켰던 금 본위제도가 폐지됐다.

닉슨의 조치들은 일시적일 것으로 보였다. 하지만 닉슨의 '치유책'은 10년에 걸친 대 인플레이션과 1970년대 에너지 위기를 불러일으켰다. 탄핵안이 결의되어 결국 닉슨이 사임한 사실은 더 이야기할 나위도 없다.

닉슨의 대응이 흔히 일컬어지는 인플레이션 대책의 전형인데, 이것이 대부분 사태를 더욱 악화시키는 결과로 이어진다는 사실을 이후에 확인하게 될 것이다. 그것이 경제뿐만 아니라 사회에 미치는 피해 또한 오래 지속될 수 있다.

닉슨이 브레턴우즈 체제를 붕괴시킨 게 잘못된 대책의 대표적 사례다. 금 본위제는 미국이 건국 이래 실제로 받아들인 화폐 제도였다. 거의 180년 동안 금 본위제는 단 몇 차례 중단되었을 뿐, 달러의 가치는 계속해서 금에 연계되었다. 이로 인해 미국은 인플레이션 문제를 거의 겪지 않았으며 세계에서 경제적으로 가장 부강한 국가가 되었다. 하지만 닉슨 쇼크로 금 본위제에 기반을 두었던 달러의 오랜 역사가 막을 내렸다.

서서히 침식하는 달러

브레턴우즈 금 본위제가 막을 내린 뒤, 오늘날 우리에게 주어진 것이 있다. 달러를 비롯한 모든 화폐가 불태환 화폐flat money로 전환되어 변동환율제의 적용을 받는 국제 통화 질서가 구축된 일이다. 그래서 통화의 가치가 더는 고정되지 않으며 통화 거래자들의 갑작스러운 결정이나 중앙은행의 정책에 따라 그 가치가 달라진다.

이 혼돈의 시스템이 자리 잡은 지 50년 남짓 되었다. 그렇지만 이 시스템은 문제시된 적이 거의 없으며 오늘날 일반적인 기준으로 여겨진다. 너무 어렸던 나머지 당시를 기억하지 못하는 사람들은 통화 가치의 변동이 초래한 파괴적 결과들을 인식하지 못한다. 1970년대의 극심한 인플레이션, 이어서 1980년대 중반 시작된 점진적이고 낮았던 수준의 인플레이션을 그 대표적인 사례로 꼽을 수 있다. 공식적인 생계비 측정 지표인 소비자물가지수Consumer Price Index, 이하 CPI를 바탕으로 미국 노동통계국이 전망한 바에 따르면, 1970년부터 달러의 구매력이 86% 감소했다.

그런데도 비평가들은 특정한 비용(특히 건강 보험 비용)이 측정되지 않은 지수를 지적하며 인플레이션의 영향력이 축소되었다고 평가했다. 달러 가치의 하락세는 전통적인 통화 가치의 척도인 금의 가격을 보면 더욱 극적으로 느껴진다. 1970년에만 해도 금 1온스의 가격이 35달러였다. 하지만 지금은 1,800달러 정도를 줘야 금 1온스를 살 수 있다(달러 가치가 98% 하락했다는 의미다).

석유도 인플레이션 측정 지표 중 하나다. 1960년대에 석유 가격은 배럴당 3달러였으며, 석유회사들은 좋은 수익을 올렸다. 2021년 중반 석유 가격은 배럴당 75달러였으며, 석유회사들은 간신히 버텼다(2019년, 많은 석유회사가 채무불이행 위험에 놓였다). 이 사실이 의미하는 바는 무엇일까? 1965년 당시 석유의 가치가 25배는 더 높았다는 것을 분명히 가리킨다. 적어도 최근 인플레이션이 발생하기 전까지는 자동차 생산업체들이 기름 잡아먹는 대형 고급 차량을 생산할 수 있을 정도로 석유 가격이 낮게 유지되었다. 석유 가격의 상승은 달러의 가치가 60년간 하락한 사실을 보여준다.

두 가지 지표가 더 있다. 우리에게 친숙한 코카콜라와 맥도날드 빅맥이다. 1970년 당시 12온스짜리 코카콜라 1캔의 가격이 1센트였다. 빅맥 하나는 65센트에 불과했다. 그로부터 50년 후 햄버거의 가격은 80배 정도(약 4달러 95센트) 뛰었다. 자판기에서 1달러로 탄산음료를 살 수 있다면 운이 좋은 것이다. 분명한 사실은 제품 자체의 변화는 없었다는 점이다. 그런데 왜 가격이 엄청나게 올랐을까? 축소되는 달러에 그 이유가 있다.

달러 가치는 인플레이션으로 인해 꾸준히 감소했다. 이 대목에서 오늘날 사회 초년생들이 궁금해할 만한 문제의 원인을 찾을 수 있다. 부모 세대는 그들보다 훨씬 적게 벌고도 집을 충분히 살 수 있었는데, 왜 그들은 집세 내기도 빠듯한 처지일까? 주요한 원인은 인플레이션이다. 그렇다. 우리의 부모 세대는 우리보다 훨씬 적게 벌었을 테지만, 그들이 벌었던 달러는 지금보다 훨씬 더 가치가 있었다.

실제 인플레이션 vs. 체감 인플레이션

그렇다면, 인플레이션이란 정확히 무엇일까? 오늘날 여러 언론 매체에서, 또 사람들의 대화에 등장하는 인플레이션이라는 말에는 다양한 의미가 내포되어 있다.

CPI의 급격한 변동

생계비 또는 소비자물가지수CPI는 미국 노동통계국이 산출하는 지표로, 에너지 비용과 주거 비용을 비롯해 온갖 상품과 서비스의 가격을 바탕으로 생계비를 측정하는 것이다. CPI가 충분한 가격 상승을 나타내 달러의 구매력 감소를 시사할 때 인플레이션이 있다고 말하는 사람들도 있다.

CPI가 전년도와 비교해 5% 상승한 2021년 봄, 경제학자들을 비롯한 언론이 처음으로 '인플레이션'에 대해 우려를 나타냈다. 당시의 상승률은 10여 년 전보다 대폭 증가한 수치로, 연방준비제도의 경제전문가들이 통화의 '안정성 stability'을 이룬다고 믿는 연간 2% 물가 상승률을 넘어섰다. (사실은 가격을 연간 2% 밀어 올리는 것은 안정성이라고 보기 어렵다. 이에 대해서는 나중에 자세히 다룬다.)

시간이 지나면서 가격이 오른다

연방준비제도에 따르면, 상품과 서비스의 가격이 시간이 지남에 따라 오를 때 인플레이션이 발생한다. 또한 수요가 공급을 초과할 때 인플레이션이 일어날 수 있다고 주장한다(이를 수요견인 인플레이션demand-pull inflation이라고 한다). 혹은 공급 비용이 증가할 때에도 인플레이션이 일어날 수 있다(이를 비용견인 인플레이션cost-push inflation이라고 한다).

'계급투쟁'의 결과인가?

사회주의자들의 교과서인 《거시경제학Macroeconomics》을 쓴 저자들의 견해는 어떨까? 그들이 제시한 갈등이론에 따르면, 자본주의 체제에서 정부가 노동자와 자본가 사이의 권력관계(계급투쟁)를 조정하는데, 인플레이션의 문제를 그 권력관계에 내재한 것으로 본다.

이 내용은 여기서 다루기에는 너무 동떨어진 주제라고 해두자. 이처럼 인플레이션에 대한 여러 의미와 관련해서는 평가를 내려 명확히 가릴 수 있을 것이다. 그런데 그것들 또한 한참 빗나갔다. 이유는 무엇일까? 인플레이션의 원인을 찾기보다는 인플레이션의 '징후'에 불과한 가격 상승에만 초점을 맞추기 때문이다.

가격에 대한 진실

인플레이션으로 인한 문제를 단순히 물가 상승으로 규정해서는 현상을 제대로 설명하지 못한다. 경제전문가들은 하나같이 '가격 안정성'을 건전한 경제의 요건이라고 말한다. 그 생각은 잘못되었다. 일반적인 경제에서는 가격이 늘 오르고 내린다.

노벨상을 수상한 경제학자 프리드리히 하이에크Friedrich Hayek 는 가격이 어떻게 의사소통 방향을 제시하는지 설명했다. 결국 시장은 사회의 필요와 욕구에 가장 부합하는 방식으로 자원을 할당한다. 예를 들어, 운동화의 가격이 소위 '핫한' 신규 디자인 에 대한 현실 세계의 수요를 따라 상승하는 것은 당연한 일이다. 이렇게 상승하는 가격은 값비싼 운동화가 소비자들의 마음을 사 로잡았다는 신호를 생산자와 판매자 등에게 보낸다.

높아진 가격은 다른 목적에도 부합한다. 잠재 이익의 매력이 경쟁업체들을 시장으로 끌어들인다. 그리고 새롭고 더 개선된 제 품들이 등장하기 시작하며, 소비자들은 다양한 선택지를 얻는다. 시장 내 경쟁이 치열해지고, 그토록 인기 있는 제품의 가격이 실 제로 내려가기도 한다. 마찬가지로, 운동화가 잘 팔리지 않으면 할인점에서 가격을 인하할 것이다. 그러면 제조업체들은 운동화 생산을 중단하고 소비자들이 더 좋아하는 디자인에 자원을 재배 치한다. 그래서 오르락내리락하는 가격은 소비자들의 필요를 충 족시키고 시장을 풍요롭게 하는 데 매우 중요하다.

가격은 수요가 증가하는 경기 팽창기에 상승하는 경향이 있 는 반면에, 사람들이 허리띠를 졸라매고 예산을 긴축하는 경기 침체기에 감소하는 경향이 있다. 통화의 가치가 매우 안정적일 때도 마찬가지다. 가격은 또한 국가가 번영할수록 상승하는 경 향이 있다. 가까운 예로 캄보디아에서는 부유한 싱가포르에 대비해 상품의 가격이 더 낮다. 캄보디아가 싱가포르만큼 부유해진다면, 그 가격이 싱가포르 수준으로 상승할 가능성이 커진다.

일본과 독일도 참고할 만한 사례다. 제2차 세계 대전 후 두 나라는 황폐화된 기반 시설과 주택을 다시 짓고 무너진 산업을 일으켜 세웠다. 그에 따라 두 나라의 생활 수준이 개선되었고 모든 종류의 상품과 서비스에 대한 수요가 치솟았다. 그 결과로 가격이 올라갔다.

2021년 초 미국을 비롯한 여러 국가에서 발생한 가격 상승도 어느 정도는 수요가 '자연스럽게' 증가한 결과로 볼 수 있다. 코로나19 팬데믹으로 인한 1년간의 셧다운으로 역사적인 트라우마를 겪다가 세계 경제가 회복하기 시작했다. 사람들은 회사로 복귀하고 여행을 하고 외식을 하기 시작했다. 쇼핑도 다시 시작했다. 인건비는 다시 올랐으며 직장을 잃었던 사람들은 새로운 일자리를 얻었고 더 높은 연봉을 요구하며 협상했다. 기업들은 저마다 긴급 실업 보조금을 지급하며 직원들이 집에 머물도록 독려했다.

인플레이션의 두 유형은 무엇인가?

팬데믹 시대에 물가가 상승한 원인을 공급과 노동이 중단된 것으로 보는 관찰자들은 부분적으로 옳았다. 그 이유는 흔히 인플레이션이 '화폐적 인플레이션'과 '비화폐적 인플레이션'이라는 두 유형으로 나뉘기 때문이다. 경제에 일어나는 현상을 이해하기 위해 두 개념의 차이를 먼저 인지해야 한다.

비화폐적 인플레이션

일부 경제전문가들은 현실 세계에서 일어난 수요와 공급의 변화가 광범위한 물가 상승으로 이어지는 현상을 '비화폐적 인플레이션'이라고 부른다. 이런 유형의 인플레이션은 시장의 사건에 반응하여 일어난다. 다만, 비화폐적 인플레이션은 보통 시장이 안정될 때 바로잡힌다. 예컨대, 한 해 날씨가 나쁘면 곡물 생산에 차질이 빚어지고 곡물의 수확량이 감소한다. 이어서 곡물의 가격이 상승한다. 돈을 벌려고 하는 농부들은 농작물의 생산량을 늘린다. 무슨 일이 일어날까? 가격이 점차 내려간다.

정부가 시장에 개입하여 인위적으로 공급 부족을 일으킬 때도 비화폐적 인플레이션이 발생한다. 가령, 임대료가 통제되어 신규 주택 건설이 줄어들거나 정부 주도로 최저 임금이 인상될 때, 두 경우 모두 물가가 오르고 CPI에 변화가 생길 수 있다. 이렇게 인상된 가격은 규제가 풀리면 내려가기도 한다. 달리 말해, 비화폐적 인플레이션은 단기적인 현상으로 어떻게든 결국에 해결되는 경향이 있다.

그런데 이런 유형의 인플레이션은 우리가 다루고 있는 소재가 아니며, 문자 그대로 실질적인 인플레이션이 아니다. 일반 통념과 달리 (그리고 우리가 여기서 말했듯이), 인플레이션은 단순히 물가 상승을 의미하지 않는다. 인플레이션은 화폐의 가치 하락으로 인한 '가격 왜곡' 현상과 관련이 있다.

그래서 인플레이션을 그저 물가 상승으로 정의해서는 흔히 이 용어와 관련된 불안감(분명한 이유 없이 치솟고 있는 듯한 상품과 서비스의 가격에 무언가 잘못되었다고 느끼는 감정)의 의미를 제대로 전달하지 못한다.

화폐적 인플레이션, 화폐의 폭락

1년 전 100달러였던 운동화의 가격이 갑자기 150달러가 되었고, 평균 100달러 남짓이었던 일주일 식비가 이제 200달러에 가까워지고 있다. 그러면 궁금해진다. 이 모든 것이 정말로 팬데믹 때문일까? 식료품 가격은 고삐 풀린 듯 치솟고 있는데, 사실 코로나19 이전부터 모든 것이 오르기 시작했다. 2000년 60만 달러에 매입할 수 있었던 주택을 예시로 들어보자. 당시에는 집을 보수할 필요가 없어 한 푼도 쓰지 않았지만, 지금은 수리가 필요하다. 그때만 해도 인근에 집을 보러 오는 사람이 없었지만, 지금은 너도나도 집을 팔려고 내놓는다. 그런데 그로부터 20년이 조금 더 지난 2021년, 60만 달러였던 집은 93만 달러에 가까운 가격에 판매되고 있다.

이때 우리는 집을 판매하고 얻을 이익을 생각하며 흥분한다. 그러다 이내 2021년의 93만 달러로는 기존의 집과 비슷한 수준의 집을 매입하기 어렵다는 것을 깨닫게 된다. 새로운 집을 매입하기 위해 돈을 더 들이거나 그렇지 않으면 눈높이를 낮춰야 할지도 모른다.

바로 이런 현상이 인플레이션이다. 이제 인플레이션을 좀 더 명확히 정의할 수 있다.

> 인플레이션은 돈이 가치를 잃을 때 발생하는 가격의 왜곡이다.

디플레이션은 반대의 현상으로, 통화 가치의 상승이 원인이 되어 물가가 하락하는 것이다. 디플레이션이 인플레이션에 비해 발생 빈도가 낮은 데는 분명한 이유가 있다. 재정난에 처한 정부가 반대의 경우와 달리 화폐를 찍어내어 그 가치를 평가 절하할 가능성이 크기 때문이다.

화폐적 인플레이션과 비화폐적 인플레이션에는 서로 다른 원인과 결과가 있다. 그럼에도 우리가 팬데믹을 겪으며 확인했듯이, 두 유형의 인플레이션이 한꺼번에 발생하기도 한다. 물가 상승은 금전적 요인과 비금전적 요인에 의해 동시에 발생할 수 있다. 그래서 경제에 일어나는 현상(그리고 우리의 금융 생활에 벌어지는 일)을 이해하는 것이 두 개념의 차이를 구별하는 비결이다. 요컨대, 주택에 개량할 부분이 있었다 해도 거의 고치지 않았고, 지역 주택 시장에 불이 붙지 않는 한 주택 매매가 100만 달러에 육박한들 집의 가치가 마법처럼 높아지지 않았다는 점을 분명히 알 수 있다. 사실, 주택의 가치는 점진적이면서 완전히 인위적인 달러 가치의 하락으로 인해 왜곡된 것이다.

인플레이션의 '화폐 착각'에서 깨어나기

앞에서 가정했던 주택의 가격은 대개 수년간 진행된 낮은 수준의 인플레이션을 반영한다. 하지만 사람들은 이러한 현실을 잘 인식하지 못한다. 오히려 사람들은 집의 가치가 실제 가치보다 높게 평가되었다고 생각할지도 모른다. 이는 '화폐 착각Money Illusion'이라는 현상 때문에 발생한다. 화폐 착각은 인플레이션의 영향으로 왜곡된 가격을 계속 축소되는 달러(인플레이션의 결과)로 이해하지 않고 현실 세계의 가치가 반영된 것으로 잘못 해석하는 경향을 말한다. 그에 따라 우리는 사실과 다른데도 화폐의 가치가 안정적이라고 생각한다.

이처럼 화폐 착각에 쉽게 빠져드는 이유는 우리 모두에게 돈이 그 자체로 안정적이라고 생각하는 경향이 있기 때문이다. 달러는 통화 시장currency market에서 하락하고 있을지도 모른다. 그렇지만 일상생활에서 1달러짜리 지폐는 여전히 4쿼터quarter나 10다임dime 또는 20니켈nickel의 가치가 있다. 외환거래소의 달러 가치가 우리 주머니 속에 들어 있는 달러와 같은 가치라고 생각하는 사람은 거의 없다.

다른 나라의 통화가 인플레이션의 영향을 받는 현상은 훨씬 더 쉽게 확인할 수 있다. 예를 들어, 1994년으로 돌아가 휴가철에 멕시코를 여행했다고 가정해 보자. 당시 달러는 3페소의 가치가 있었다. 현재로 돌아온다면, 1달러에 20페소 정도를 교환할 수 있다. 이처럼 페소의 가치가 눈에 띄게 감소한 현상으로 멕시코에서 음식과 연료를 비롯한 생활필수품은 말할 것도 없고 기념품의 가격마저 오른 이유가 설명된다. 이 대목에서 페소와 관련한 물가 상승률이 달러와 관련한 물가 상승률 대비 대략 6배에서 7배가 넘는 이유도 이해된다. 이 현상이 바로 화폐적 인플레이션으로, 수십 년간 라틴 아메리카에 만성적 문제를 불러일으켰다.

멕시코에서 통화가 계속 팽창하는 현상에서 이 나라의 노동자들이 좀처럼 부유해질 수 없는 이유를 알 수 있다. 라틴 아메리카에는 선진국의 반열에 들어선 국가가 없고(아마도 칠레는 예외일 것이다), 아르헨티나 같은 국가들이 지금보다 1900년에 상대적으로 부유했던 것도 다 인플레이션이 미친 영향 때문이다.

달러의 가치는 어떻게 되었나?

우리가 소유한 통화와 비교하여 페소의 가치가 감소하고 있다는 것을 쉽게 알 수 있다. 그러면 달러의 상태는 어떻게 확인할까? 달러를 무엇과 비교해야 할까? 경제전문가들은 다양한 지표를 살핀다. 그들은 달러를 소비재와 서비스의 장바구니CPI, 원자재 가격, 유로나 영국 파운드 같은 여러 주요 통화와 비교하거나 다양한 지표를 활용한다. 그럼에도 최고의 지표가 금이라는 사실은 틀림이 없다. 금은 미국에서 거의 2세기 동안 안정된 화폐 가치에 대한 최고의 벤치마크로 활용되었다.

이 노란색 금속이 예로부터 오랫동안 통화의 가치를 측정하는 데 사용된 이유는 고유한 가치가 대체로 변함없이 유지되었기 때문이다. 전문가들의 예측치에 따르면 전 세계적으로 약 70억 온스의 금이 채굴되었고 거의 전부가 오늘날에도 그 가치를 유지하고 있다. 금은 수요에 비해 공급이 안정적으로 유지되었으며, 다른 경제 부문들과 비교해 그 가치에 변화가 없었다. 그래서 금의 가격의 오르내림은 이 노란색 금속의 가치를 반영하는 것이 아니라 변동된 달러의 가치를 반영한다는 점을 시사한다.

이와 관련하여 연방준비제도 이사회 의장을 지낸 앨런 그린스펀Alan Greenspan은 "수십 년에 걸쳐 상품과 서비스의 가격이 거듭 변동했는데도 그에 대한 금의 비율이 비교적 일정한 수치로 유지되었다"라고 지적했다.

금은 왜 필수 인플레이션 지표인가?

다른 경제 부문들에 비해 안정된 금의 가치는 달러의 가치를 평가하는 필수 지표이자 인플레이션의 척도가 되었다. 금 1온스를 구매하기 위해 필요한 달러의 지출이 늘어나고 그 추세가 수 개월 또는 수년 동안 지속한다면, 이는 달러의 가치가 떨어지고 있다는 신호다. 소비자물가지수, 원자재 가격, 환율 등의 지표들이 똑같은 신호를 보내고 있다면, 경제 및 많은 품목의 물가가 '화폐적 인플레이션' 상태에 있다고 우리는 확신할 수 있다. 반대로, 디플레이션이 통화의 강화 혹은 문자 그대로 가격에 대한 시장의 압박을 반영하는지 역시 금의 가치로 알 수 있다.

경제의 생태계가 복잡하기에 금 가격은 특히 중요한 지표가 된다. 혼란스럽고 때로는 모순되는 신호가 있을 때, 그런 잡음을 금이 없애기도 한다. 일례로 2008년과 2009년 대침체를 겪는 동안 양적 완화로 알려진 연방준비제도의 역사적인 통화 팽창 정책으로 금 가격이 1,900달러를 넘어섰다(달러 가치의 심각한 하락을 의미하는 것이자 잠재적 인플레이션에 대한 경고였다). 그런데 실제로 많은 품목의 소비자 물가가 떨어졌다. 왜 그랬을까? 기업을 비롯한 개인들이 여전히 2008년의 금융 위기에서 좀처럼 회복하지 못하고 구매와 판매 모두 감소하고 있었기 때문이다. 다만 역사적 위기 없이도 인플레이션은 시간차를 두고 경제에서 그 효과를 나타낼 수 있다.

인플레이션의 경고 신호

인플레이션은 대체로 '뜻밖에 일어났다'라거나 '갑자기 발생했다'라는 표현과 함께 쓰인다. 그러나 그렇게 표현해서는 인플레이션이 발생한 과정을 제대로 설명하지 못한다. 통화 가치가 하락하는 현상은 시장에서 서서히 나타난다.

인플레이션의 느린 잠식

화폐의 가치가 하락할 때, 투자자들을 비롯한 많은 사람이 유독 경질 자산hard assets(금을 비롯한 귀금속뿐만 아니라 밀과 목재, 특히 석유 같은 원자재)을 사들이는 경향이 있다. 그 때문에 인상된 가격은 해당 상품들에 의존하는 제조업체들이 제일 먼저 체감한다. 일부 품목과 관련해 소비자들도 즉시 타격을 받는다. 소매 휘발유 가격은 원유 가격을 바짝 쫓아간다. 항공권은 곧 제트 연료의 가격 변동률을 반영한다.

수축하는 물건, 슈링크플레이션

달러를 계속 위축시키는 인플레이션의 압박에 생산업체들이 상품을 수축시켜 대응할지도 모른다. 그러면 우리는 딸기나 포테이토칩의 양이 줄어들거나 종이 상자에 시리얼이 덜 들어있는 모습을 볼 수도 있다. 혹은 두루마리 화장지의 폭이 예전과 달리 좁아질지도 모른다. 아니면 동네 식당에서 아침 식사를 주문하고 보니 소시지의 크기가 줄어들었다는 것을 알아챌 수 있다. 이런 현상을 일각에서 '슈링크플레이션shrinkflation'이라고 부른다.

제품을 1달러에 팔아온 체인형 할인소매업체 달러 트리Dollar Tree는 일부 품목에 저렴한 포장재를 사용하고 운송비 상승을 억제하고자 일부 제품을 대량으로 구매하여 코로나19 이후의 인플레이션에 대처하고자 했다. 하지만 유감스럽게도 인플레이션의 압박에 저항하는 데에는 한계가 있었다. 결국에 달러 트리 체인은 제품의 가격을 올릴 수밖에 없었다.

그런데 판매처가 가격을 그대로 유지하려고 노력하면, 고객은 인플레이션의 영향을 즉시 느끼지 못할지도 모른다. 또 생산자들이 직원들이나 공급자들과 맺은 계약에 따라 가격이 올라가기까지 시간이 걸릴 수 있다. 이를테면, 임금은 장기 계약에 따른 것으로 대개 서서히 인상된다. 임금이 오르면 기업의 비용도 올라가고, 물가도 상승한다. 기업들이 주로 장기 근로 계약을 맺는 미국 같은 국가에서는 인플레이션이 서서히 발생할 수 있다.

극심한 인플레이션을 겪었던 국가에서는 물가 상승이 가속화된다. 예컨대, 멕시코나 아르헨티나 같은 국가에서는 대체로 물가 상승을 예상해 계약이 단기적으로 체결된다. 이 대목에서 중요한 사실이 눈에 들어온다. 바로 인플레이션을 부채질하는 인간 심리의 역할이다.

2021년 여름, 셧다운 이후 물가가 상승하는 속도가 빨라지는 듯 보이자 시사평론가 존 스틸 고든John Steele Gordon이 경고했다.

"인플레이션이 인플레이션을 유발하는 경향이 있습니다." 고든은 이런 의견을 덧붙였다. "인플레이션 기대심리 inflationary expectations 가 확고히 자리를 잡으면 이후 좀처럼 멈추지 않는다. 1970년대 마지막으로 발생했던 대 인플레이션은 대공황 이후 발생한 최악의 경기 침체로, 억제하기에는 너무 가파르게 진행되었다."

돈이 가치를 잃을 때

통화가 가치를 잃고 인플레이션을 유발하는 과정을 이해하려면, 경제에서 화폐가 감당하는 역할을 제대로 이해해야 한다. 지금까지 화폐에 대한 정의를 많이 접했을 것이다. 그중에서도 화폐가 '교환 매체'라거나 '계산 단위', 혹은 '가치의 저장소'라고 하는 말을 우리는 들어왔다. 그러나 이러한 정의에서는 가치의 척도라는 돈의 주요한 기능이 제대로 드러나지 않는다.

화폐는 시계나 자, 저울과 같은 측정 도구라고 할 수 있다. 다만, 화폐는 시간이나 공간, 무게를 측정하는 도구가 아니라 가치를 측정하는 도구다. 이런 점에서 미국의 헌법 입안자들은 헌법을 제정할 당시 돈의 개념을 잘 알았던 것으로 보인다. 그들은 도량형의 기준을 정하는 헌법 조항에서 화폐를 주조하고 화폐의 가치를 정하는 연방의회의 권한을 규정했다.

고대인들은 수 세기 전 화폐를 발명해 상호 합의된 가치 기준을 규정함으로써 물물 교환에서 발생하는 혼란을 없앴다. 화폐가 발명되기 전만 해도 구매자와 판매자는 이를테면, 한쪽이 소유한 닭 한 자루가 다른 쪽이 소유한 밀 한 부셸bushel과 동일한 가치가 있다는 사실에 동의해야 했다. 그러다 주화가 생겨서 상호 합의된 가치의 단위가 정립되어 분쟁의 가능성이 사라졌다. 그에 더해 주화로 인해 거래가 훨씬 수월해졌다. 그래서 자루에 꽥꽥 소리를 내는 닭을 담아 주지 않고도 동전 몇 개를 써서 밀 한 포대를 살 수 있었다.

화폐가 측정의 도구라는 사실은 다른 무엇보다도 통화가 신뢰를 잃을 때 사람들이 보이는 반응으로 설명된다. 통화가 신뢰를 잃으면 사람들은 대체물을 찾는다. 제2차 세계 대전 직후 독일인들은 종종 담배를 화폐로 활용했다. 1970년대 이탈리아에서는 인플레이션을 겪는 동안 소액 동전이 사탕으로 대체되었다. 오늘날 극도의 인플레이션에 시달리는 국가의 시민들은 자국 정부가 발행한 현지 통화보다 달러나 유로를 훨씬 더 선호할 것이다. 베트남이나 페루를 찾은 여행객들은 달러가 현지 통화로 통용되고 있다고 생각할 것이다. 그 이유는 대개 매우 분명하다. 현지 지폐에 0이 몇 개나 있는지 보면 알 만한 일이다.

암호화폐는 어떨까?

여기서 궁금증이 생길 만하다. 화폐가 안정된 가치를 가져야 하는 측정 도구라면, 비트코인 등의 암호화폐는 어떨까? 우리가 내놓는 답에 동의하지 않는 사람도 있겠지만, 가치가 안정적으로 측정된다고 확신할 수 없기에 암호화폐 대부분이 적어도 '현재는' 좋은 화폐가 아니다.

암호화폐는 정부가 발행하는 명목 화폐의 대체물로 개발되었다. 그렇지만 지금도 격변기에 놓여 있다. 예를 들어, 비트코인은 단 하루 만에 그 가치가 반 토막이 난 전적이 있는 것으로 알려져 있다. 만약 달러나 유로가 그처럼 하락했다면, 사람들은 두 통화가 붕괴되었다고 여겼을 것이다.

한편, 디지털 화폐를 도입했다고 광고하는 기업들도 있다. 그러면 일상에서 디지털 통화로 식료품비를 결제하거나 집세를 낼줄 아는 사람이 몇이나 될까? 이는 변화의 시작을 의미한다. 페이팔 같은 플랫폼에서는 판매자의 암호화폐를 즉각 달러로 전환할 수 있다. 오래전 자국 화폐를 달러로 대체했던 엘살바도르는 비트코인을 법정 화폐로 채택했다. 비트코인이 일상적인 결제에 사용되는 과정을 금융 인프라가 얼마나 잘 처리하는지 아직 두고 볼 일이다.

암호화폐는 현재 실제 통화라기보다 결제 시스템처럼 작동한다. 그러나 '스테이블코인stable coin'으로 알려진 새로운 유형의 암호화폐가 부상하면 상황이 곧바로 바뀔 것이다. 스테이블코인은 달러나 금, 원자재 같은 특정한 자산에 고정되어 있다. 가장 잘 알려진 스테이블코인인 테더Tether는 시장 가치로 따지면 규모가 가장 큰 암호화폐 중 하나다. 그래도 지금 외환 트레이더들은 테더를 이용해, 다소 아이러니하게도 변동성이 심한 비트코인을 사들인다. 일부 논란이 일고 있지만 테더는 실제 화폐의 기능을 실현할 만한 소수의 디지털 화폐에 속한다. 그런데 적어도 지금은 대부분의 암호화폐가 안정적인 가치 측정의 도구가 아니다.

이 모든 사실이 왜 중요할까? 통화가 '안정된 화폐'로 널리 사용되려면 신뢰받는 가치 측정 도구여야 하기 때문이다. 이 기능이 충족되지 않으면 더는 신뢰받을 수 없다. 그리고 화폐가 신뢰를 잃으면 결국 가치를 상실한다. 곧이어 인플레이션이 발생한다.

2장

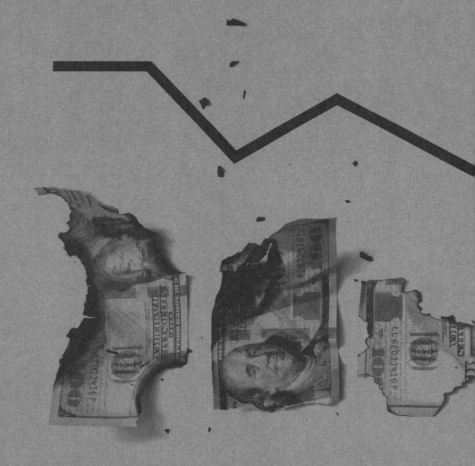

인플레이션 역사의 안타까운 순간들

Not-So-Great
Moments
in Inflation
History

　1장에서 설명했듯이 물가는 어떤 이유에서든 상승할 수 있다. 공급망 중단, 인기 상품이나 서비스의 수요 급증 같은 비화폐적 사건(또는 부족 사태를 유발하는 정부 규제)은 모두 물가를 상승시키는 원인이 된다. 다행인 점은(그렇게 부를 수 있다면) 그와 같은 가격 상승 현상이 보통 아주 분명히 나타난다는 사실이다. 우리는 트럭 운전사와 같은 노동력의 부족으로 가격이 더 상승할 수 있다는 식의 언론 보도를 접한다. 이런 사건들은 일시적인 경향이 있다. 그래서 공급망 중단에 따른 혼란은 머지않아 끝이 난다. 가격을 밀어 올렸던 정부 규제(이를테면 임대료 통제)도 풀릴 수 있다. 법률이 폐지되면 공급 부족 현상은 사라지고 결국에 물가가 내려간다.

그런데 실질적인 인플레이션(경제와 사회를 황폐하게 하는 유형의 인플레이션)인 화폐적 인플레이션은 성격이 다르다. 즉, 정부에 의해 통화 가치가 하락한 결과로 물가가 왜곡되는 현상이 나타난다.

두 번째로 오래된 직업

통화의 가치를 떨어트리는 일은 세계에서 두 번째로 오래된 직업이라고 불려왔다. 화폐가 발명된 이래로 반복해서 일어났던 일이기 때문이다. 기원전 7세기 리디아Lydia(지금의 튀르키예)에서 주조되었던 최초의 동전에는 액면가를 보여주는 금과 은이 들어가지 않았다.

고대에는 정부가 (그리고 화폐위조자들도) 주화의 가치를 떨어트렸는데, 주화를 녹여서 금이나 은의 비율을 낮추고 값싼 금속과 섞어서 주화를 다시 발행하는 식이었다. 이렇게 새로이 형성된 '부'는 과거의 통화보다 가치가 낮았을지 모른다. 그런데도 이를 통해 적어도 처음에는 부채로 쪼들리던 정부에 (그리고 통치자들의 과도한 행위에) 자금이 지원될 수 있었다.

로마의 통화 가치를 조작한 네로

로마제국의 황제 네로(AD 37~68)는 호화로운 궁전을 짓고 퇴폐적인 잔치를 벌이고 친구들에게 거한 선물을 주는 등 방탕한 사치에 돈을 대려고 로마 주화의 가치를 떨어트렸다. 역사가 수

에토니우스_{Suetonius}의 말대로 "그는 선물을 준비했고 돈을 흥청
망청 썼다." 네로는 로마 데나리우스 은화에 구리를 섞어서 그 가
치를 낮췄다. 은화의 가치가 10% 정도 하락해 비교적 낮은 수치
로 감소했지만, 이는 시작에 불과했다.

AD 260년, 갈수록 부패한 로마 정부는 재원을 마련하기 위해
주화의 가치를 지속적으로 떨어트렸고, 결국 주화의 은 함유량
은 고작 4%밖에 되지 않았다. 이후 그들은 판을 더 늘리고자 새
로운 주화를 찍어냈으며, 그 액면가는 갈수록 더 높아졌다. 그에
따라 자연히 물가가 상승했다. 어느 주장에 따르면, 4세기 중반
밀의 가격이 2세기 중반과 비교해 200만 배나 높았다고 한다. 로
마의 경제는 하이퍼인플레이션을 겪으며 파탄 지경에 이르렀다.

군인들은 결국에 폐물 은화를 받기를 거부했고 급여로 현물
만 받았다. 로마제국의 외곽 지역에서는 화폐의 사용이 완전히
중단되었다. 사람들은 물물 교환 시대로 돌아갔으며, 쓰는 습관
또한 잃어버렸다. 그렇게 암흑시대가 시작되었다.

나무껍질을 부풀린 중국

한편, 중국은 9세기 초반경 종이 화폐를 잠시 사용함으로 지
폐의 잠재성을 최초로 보여주었다. 다만 그로부터 200년 후, 쓰
촨 상인들이 최초로 발행한 지폐가 최초의 실제 종이 통화라고
할 수 있다. 예상한 대로, 중국 정부가 곧 지폐 발행을 상인들로
부터 인계받았다. 그러던 중 뒤이어 일어난 하이퍼인플레이션

상황에서 만주의 유목민족에 의해 정부가 전복되었다.

만주족도 종잇조각을 돈으로 주고받는 생각에 매료되었다. 하지만 새로운 발명품을 다루는 일에서 그들이 선조들보다 더 나은 성과를 내지 못한 사실이 안타깝다. 게다가 하이퍼인플레이션 이후 몽골 유목민족이 만주족 정부를 전복했다. 정부가 두 번 더 바뀌고 하이퍼인플레이션이 두 차례 더 발생한 후에 중국인들은 결국 종이 화폐에 불신을 가지게 되었다. 그러다 1440년경 매우 신뢰할 만한 구리 동전과 은 동전으로 돌아가 향후 500년 동안 사용하게 되었다.

탐험가 마르코 폴로Marco Polo가 종이 화폐에 대한 중국의 지식을 유럽에 전파했다. 누구나 알 만한 그의 여행기《동방견문록*The Travels of Marco Polo*》에 '위대한 칸은 어떻게 나무껍질로 종이라는 것을 만들고 그의 나라 전역에서 화폐로 두루 쓰이게 했나'라는 구절로 소개하는 장이 포함되었다.

마르코 폴로는 1295년 베니스로 돌아왔지만, 지폐가 유럽에서 유행하기까지는 긴 시간이 걸렸다. 실제 금과 은화로 만든 동전을 평가 절하할 수 있는데 굳이 '나무껍질'의 가치를 떨어뜨릴 이유가 있었을까?

유럽의 중상주의와 인플레이션주의

16세기 유럽에서 중상주의 정책을 채택한 군주들은 굉장한 인플레이션주의자들이었다. 그들은 자국 주화의 은 함량을 줄여

화폐 가치를 하락시켰다. 영국에서 주화의 가치를 깎아내린 것으로 가장 악명 높았던 사람은 결혼과 이혼(두 번의 참수 포함)을 거듭한 것으로 잘 알려진 헨리 8세였다. 1542년 헨리 8세는 소위 통화 대개악Great Debasement을 실시하여 프랑스, 스코틀랜드와의 전쟁에 필요한 자금을 조달한 것은 물론 자신의 사치스러운 황실 생활에 들어가는 자금을 댔다. 한때 가장 신뢰할 수 있었던 영국의 은 페니는 은 함량이 3분의 2 정도 감소해 밀 가격을 하늘 높이 치솟게 했다. 이에 시민들은 귀금속 함유량이 높은 오래된 동전을 비축했다. 외국 상인들은 지불금으로 금괴를 달라고 요구했는데, 그 때문에 금괴가 부족해져 교역에 차질이 빚어졌다. 헨리의 딸이자 최종 후계자인 엘리자베스 1세 여왕은 수 세기 동안 변함없이 유지될 고품질의 영국 은화를 새로 발행하여 근본적으로 모든 상황을 전환했다.

스페인 제국을 침몰시킨 인플레이션

스페인은 캘리포니아에서 필리핀에 이르는 식민지, 매장량이 풍부한 멕시코와 볼리비아 광산을 토대로 금과 은이 국부의 중심에 있었던 16세기 중상주의 시대를 주도했다. 그래서 중국과 필리핀은 물론 아르헨티나와 미국 식민지에 이르는 신대륙 전역에서 스페인의 '실버 달러'가 정식 화폐가 되었다. 그러나 전 세계 실버 달러를 다 모아도 스페인 정부의 심각한 재정난을 해결하기에 부족했다. 멕시코시티에서 실버 달러가 계속 주조되었는데도 스페인은 1599년부터 자국 내 주화의 가치를 떨어트리기 시작했다. 그렇게 경기 침체라는 장기간의 애석한 이야기가 시작되었다. 이에 스페인 정부는 액면가를 높인 구리 주화를 대량으로 발행하여 재원을 마련하려고 애썼다.

한때 거인국처럼 세계를 호령했던 스페인은 1640년 국정을 운영하지 못하는 지경에 이르렀다. 한때는 왕실이 가까운 여름 별장을 찾을 비용도 마련하지 못했으며, 먹을 빵조차 없을 때도 있었다. 스페인 제국은 외세의 침략, 자국 내 분리독립, 독립운동의 압박을 견디지 못하고 무너져 내렸다. 결국에는 프랑스가 스페인을 대신해 유럽의 패권을 잡았다.

프랑스의 하이퍼인플레이션

'내가 죽은 뒤 대홍수가 나든 말든 알 바 아니지만après moi le déluge'

이 유명한 말은 루이 15세가 남긴 것으로 알려져 있다. 그런데 이 말은 그의 증조부인 태양왕 루이 14세에게 더 잘 어울린다. 17세기 후반 그의 무절제한 화폐 평가 절하와 막대한 지출로 인해 프랑스가 파산 직전에 이르렀기 때문이다. 그들의 최종 해결책은 무엇이었을까? 더 큰 인플레이션뿐만 아니라 역대 가장 파괴적인 인플레이션에 대한 계획이었다. 이렇게 믿어지지 않는 책략을 꾸민 사람은 존 로John Law였다. 스코틀랜드 출신의 경제학자이자 모험가, 유죄 판결을 받은 살인범이었던 그는 프랑스

상류층은 말할 것도 없고 나중에 프랑스 정부에까지 손을 뻗어 환심을 샀다. 그는 또한 지불 능력의 문제를 해결하는 길은 미시시피 계획Compagnie du Mississippi을 통해 신대륙인 북미를 개발하고 부를 이용하는 것이라고 군주를 설득했다. 이렇게 무역을 독점하고자 프랑스 정부가 세운 회사는 새로운 방식(종이 화폐 발행)으로 자금을 조달했다. 무엇이 잘못되었을까?

한마디로, 모든 것이 잘못되었다. 오늘날의 루이지애나 지역에 대한 회사의 개발 계획은 모기로 가득한 늪지대에 대한 탐사에 지나지 않았다. 이 벤처의 계획이 실패로 돌아가자 '미시시피 거품'이 터져버렸다. 프랑스 통화의 가치가 바닥을 친 것과 마찬가지로 주식 시장이 붕괴했다. 뒤이은 인플레이션이 파국을 초래하자 로는 국외로 추방당했다. 프랑스는 이후 몇 세대에 걸쳐 종이 화폐의 사용을 중단시켰으며 은만 사용하는 시대로 돌아갔다.

한 푼의 값어치도 없어지다

영국의 미국 식민지들도 종이 화폐를 남용하여 인플레이션을 일으킨 것으로 악명이 높았다. 1690년 매사추세츠 식민지는 프랑스 식민지 퀘벡을 둘러싼 전쟁에서 병사들에게 급여를 지급하기 위해 종이 화폐를 발행했다. 그 지폐는 추후에 은화를 지불하겠다는 증서 같은 것이었다. 하지만 매사추세츠는 급여 지불을 계속 연기했으며 더 많은 지폐를 찍어냈다. 그런데 이 전략이 처음에 잘 먹혔던 탓에 식민지들이 저마다 지폐를 발행하였고, 그 때문에 무시무시한 인플레이션이 발생했다. 결국 영국이 개입하여 종이 화폐의 발행을 금지할 수밖에 없었다.

놀랄 것도 없이, 1775년 미국 독립 혁명이 시작된 이후 신흥 식민지 개척자들이 제일 먼저 한 일은 군인들에게 급여를 주기 위한 지폐를 되살리는 것이었다. 하지만 미국 최초의 통화인 '대륙 달러'는 무분별하게 발행된 탓에 휴지 조각이 되었고 하이퍼인플레이션에 대한 망각으로 붕괴했다. 그 후 거의 2세기 동안 '한 푼의 값어치도 없어지다'라는 말이 쓸모없음을 가리키는 흔한 어구로 사용되었다. 한편, 1789년 프랑스 혁명과 함께 종이 지폐가 되살아났다. 그러나 이 또한 하이퍼인플레이션을 초래하며 휴지 조각이 되었고, 그로 인해 제1공화국이 몰락했다. 결국 나폴레옹이 등장하여 혼란을 수습하겠다고 나섰다. 이후 1800년에 금에 안정적으로 연계된 새로운 프랑이 도입되어 1914년까지 변함없이 유지되었다.

그처럼 뼈아픈 대실패에도 밝은 희망이 있었다고 한다면, 존 로크와 애덤 스미스Adam Smith 등의 계몽주의 사상가들이 등장해 시민들이 인플레이션주의의 어리석음을 깨닫도록 했다는 점이다. 한편으로 미국 식민지 개척자들은 정부에서 발행한 명목 종이 화폐에 대한 100년간의 실험을 그만두었다. 신생 독립국 미국의 초대 재무장관 알렉산더 해밀턴Alexander Hamilton은 건전하고 안정된 달러의 원칙을 채택했다.

이 이야기는 유익한 교훈을 준다. 돈은 경제와 관련한 다른 모든 것과 마찬가지로 너무 많으면 가치를 잃는다.

화폐 찍어내기가 곧 인플레이션은 아니다

통화의 가치는 다른 모든 것의 가치와 마찬가지로 결국에 수요와 공급의 비율에 따라 결정된다. 그런 이유로 '화폐 찍어내기'가 필연적으로 인플레이션을 초래한다는 개념은 실제로 사실이 아니다. 화폐가 초과 공급되었을 때 통화의 가치가 낮아지고 잇따라 인플레이션이 발생한다. 다만, 공급 과잉은 '대량 공급'과는 다른 의미다.

대표적 사례인 스위스 프랑

화폐의 대량 공급이 물가 인상의 원인이라면, 아마 스위스는 하이퍼인플레이션에서 헤어나지 못하고 있을 것이다. 인구가 900만 명도 채 되지 않는 스위스는 인구가 3,800만 명으로 거의 4배나 많은 캐나다와 비교해 1인당 본원 통화money base(은행의 지급준비금 및 시장에서 유통되는 화폐 발행액)가 8배나 더 많았다.

그런데 스위스 프랑은 미국 달러, 영국 파운드, 유로, 독일의 옛 마르크에 비해 인플레이션의 위험이 적어 지난 100년이 넘는 시간 동안 세계에서 가장 안정된 통화 중 하나로 인정되었다.

스위스 프랑이 이런 성적을 거두었기에 다른 나라의 많은 사람이 스위스 프랑이 표시된 자산을 보유하고 싶어 한다. 달리 말해, 스위스 프랑에 대한 수요가 높다는 말이다. 이렇게 확대되는 수요를 충족시키고 통화가 불안하게 상승하지 않도록 하려고 스위스 중앙은행은 공격적으로 공급을 늘려야 했다.

돈이 풀려도 수요가 충분하면 인플레이션은 없다

수요가 충분히 있을 때, 시중에 풀리는 화폐의 양이 대폭 증가한다. 1775년에서 1900년까지 미국의 본원 통화는 약 163배나 증가했다. 그래도 달러의 가치(금에 대비한 가치)는 거의 변동하지 않았다. 그렇다. 돈의 양이 163배나 증가했으나, 달러의 가치는 움직이지 않았다.

이것이 어떻게 가능했을까? 답은 거듭 말하지만 수요다. 1800년대에 미국은 기하급수적인 성장을 겪었다. 호황을 누리던 경제에서는 돈에 대한 왕성한 욕구가 있었다. 미국의 초대 재무장관인 알렉산더 해밀턴은 안정된 통화 기반의 금융 경제체제를 확립하여 신생 독립국인 미국을 위협한 전쟁 시기의 하이퍼인플레이션을 소멸시켰다. 그렇게 한때 어려움을 겪었던 공화국은 투자 자본을 끌어들이는 매력적인 곳으로 바뀌었다. 19세기 말 미국은 세계를 주도하는 산업 강국이 되었다.

오늘날 미국 달러는 주요한 국제 통화로 자리매김했다. 현존하는 전체 미국 달러 지폐 중 절반 이상이 미국 밖에서 유통되고 있다고 보는 사람들도 있다. 전 세계에서 달러가 자국 통화보다 더 믿을만하다고 생각하는 사람들이 있기에 달러에 대한 수요가 있는 것이다.

공급 과잉 없는 통화의 실패

통화가 폭발적으로 공급되어도 그 가치가 유지될 수 있듯이, 통화 공급이 증가하지 않는데 그 가치가 하락하기도 한다. 1933년 미국에서 바로 그런 일이 발생했다. 당시에 화폐를 무분별하게 찍어내지 않았는데도 달러의 가치가 41%나 감소했다. 왜 그랬을까? 프랭클린 루스벨트Franklin Roosevelt가 대공황에 대한 타개책으로 달러의 가치를 평가 절하했던 것이 그 배경이다.

유사한 사례로 1990년대 말 '돈 찍어내기'로 인해 태국 밧과 러시아 루블의 몰락이 촉진되지는 않았다. 태국과 러시아 정부는 통화 가치를 떨어트리려 애쓰지 않았다. 그 이유는 통화의 관리 부실('신뢰 상실' 또는 '자신감 상실'로 알려진 현상)에 대한 정확한 인식을 바탕으로 수요가 감소했기 때문이다.

그럼에도 통화를 관리할 줄 아는 정부는 이미 현실로 다가온 재앙에서 신뢰가 흔들리지 않도록 만들 수 있다. 1990년대 후반에 발생한 아시아 금융 위기 당시, 홍콩 달러가 다른 아시아 통화들까지 끌어내리던 투기 세력의 압력에 굴복할 것이라는 불안감이 확산했다. 그런데 그런 일은 전혀 일어나지 않았다. 홍콩 정부가 홍콩 달러에 대한 공격에 적절히 대처했기 때문이다. 홍콩 정부는 미국 달러에 연동된 안정된 통화를 계속 유지했다.

공급과 수요, 그리고 신뢰 상실

돈이란 무엇보다도 거래의 편의성을 높이는 가치의 척도라고 앞서 설명했다. 이 역할을 제대로 수행하려면 신뢰할 수 있다고 인식되어야 한다. 신뢰를 위협하는 사건이나 인식으로 인해 '신뢰의 상실'이라는 현상이 유발되면 통화가 붕괴할 수 있다.

출구로의 쇄도

무엇이 신뢰의 상실을 촉발할까? 통화가 가치를 잃을 위험이 있음을 암시하는 모든 것이다. 국가가 재앙을 초래하는 군사적 패배에 직면한다든가 정부의 무분별한 지출로 인해 통화 공급이 극적으로 확대된다든가, 혹은 통화에 대한 전면적인 평가 절하가 이루어진다든가 하는 식이다. 이런 상황에서는 공포감이 조성되어 사람들이 저마다 통화에서 손을 떼려고 할지도 모른다. 사람들은 돈의 가치가 하락하기 전에 누구보다 먼저 출구로 탈출하고 싶어 하기 때문이다. 신뢰 상실이 극대화될 때 통화 가치가 처참하게 추락해 인플레이션이 촉발되기도 한다. 관련 사례

중 하나로 1975년 봄, 남베트남이 북베트남에 패한 후, 남베트남의 통화인 피아스트르가 붕괴했다. 마찬가지로, 2021년 8월 조바이든 대통령이 급작스럽게 아프가니스탄에서 미군을 철수시켰을 때, 아프가니스탄의 통화 가치가 거의 바닥까지 폭락했다.

정부와 중앙은행은 흔히 신뢰의 상실이 비이성적 일탈행위라는 견해를 넌지시 드러내지만, 사실은 전혀 그렇지 않다. 1931년 잉글랜드 은행 Bank of England(영국의 중앙은행)이 영국 파운드의 가치를 유지하고자 통화 공급을 줄이지 않겠다는 뜻을 암시했을 때, 그 결과로 직면하게 된 인플레이션에 따른 통화 가치 하락은 완전히 합리적이었다. 영국의 평가 절하는 정치적 혼란기(일본이 중국 만주 지역을 점령했으며 그보다 몇 달 전 군사 쿠데타를 진압했다)였던 일본에 평가 절하에 대한 공포감을 불러일으켰다. 그해 12월 엔화의 가치가 하락한 사실은 그리 놀라운 일이 아니다.

통화에 대한 신뢰 상실은 통화 공급에 변동이 없거나 정부 재정에 문제가 없어도 일어날 수 있다. 1960년대와 1970년대 미국에서는 연방정부의 재정 적자와 부채가 오늘날의 기준으로 매우 미미한 수준이었다. 평균 재정 적자는 GDP의 1.3%였다. GDP 대비 부채 비율은 35% 정도였으며 감소세를 보였다(현재는 127%로 계속 상승하고 있다). 그러나 존슨의 재임기를 거쳐 이후 닉슨의 재임기에 안정된 통화 가치를 유지하기보다는 경제와 금리를 조작하려는 시도가 우선시되었고, 이에 사람들은 달러뿐만 아니라 달러를 관리하는 사람들을 신뢰하지 않게 되었다.

신뢰의 위기는 1970년대 대 인플레이션을 유발하는 계기가 되었다. 리처드 닉슨은 임기 초기에 완만한 인플레이션에 직면했다. 하지만 그가 1971년 8월 달러와 금의 연동을 끊어버리고 나서 달러의 가치가 본격적으로 하락하기 시작했다. 만능의 달러almighty dollar는 긴 시간 미국과 세계 경제의 근간이었다. 하지만 닉슨 쇼크는 그러한 달러의 가치가 세계 통화 시장에서 표류하게 되었다는 것을 의미했다.

만약 대통령이 TV에 출연해서 자신의 정책이 화폐를 늑대 떼에게 던져주고 있는 꼴이라고 발표한다면, 대통령에 대한 신뢰가 유지될 수 있을까? 이와 같은 신뢰의 상실은 금 가격이 급등한 현상에 반영되었다. 1970년에서 1974년까지 금 1온스의 가치가 35달러에서 175달러까지 상승했다. 당시 경제전문가들이 이 현상에 충격을 받은 이유는 과도한 돈 찍어내기가 문제로 보이진 않았기 때문이다. 본원 통화는 1971년 7%밖에 증가하지 않았다.

10년 전인 1960년대에 달러 기준 통화 공급은 51%나 증가한 바 있다. 그렇지만 잊지 말아야 한다. 통화 공급은 수요에 반응하여 확대되며, 1960년대는 경제가 호황을 누린 시기였다. 그래서 달러의 가치가 근본적으로 변동하지 않았다.

1970년대에 본원 통화의 공급이 더 늘어났지만, 그 증가세는 달러 가치의 붕괴를 설명하기에 충분하지 않았다. 10년의 기간 동안 금 가격은 2,000% 이상 폭등했다. 게다가 구리, 밀, 석유 같은 원자재 가격이 급등하기까지 그리 오랜 시간이 걸리지 않았다. 1973년에서 1974년까지 석유 가격이 4배나 폭등한 것이 욤 키푸르Yom Kippur 전쟁 중에 이스라엘을 지원한 미국에 대한 아랍 국가들의 보복이라고 했으나, 잘못 짚은 것이다. 현실은 아랍 석유 생산자들이 석유 가격을 인상하여 달러 약세에 대응한 것이다. 그렇게 대 인플레이션(10년간의 성장둔화와 물가 상승)이 시작되었다.

하이퍼인플레이션이라는 대폭풍

존스 홉킨스 대학의 경제학 교수이자 화폐 전문가인 스티브 한케Steve Hanke는 물가 상승률이 장기간에 걸쳐 매달 50% 비율로 증가하는 현상을 하이퍼인플레이션으로 정의한다. 이 극단의 시나리오를 두고 대부분의 사람이 주로 1920년대의 바이마르 독일 또는 현대의 베네수엘라나 아르헨티나를 연상한다. 그러나 하이퍼인플레이션은 사람들이 인식하는 것보다 훨씬 더 일반적인 현상이다. 1980년대 이래로 인플레이션으로 인한 대혼란이 라틴 아메리카의 모든 국가를 비롯해 짐바브웨 등의 아프리카 국가들, 대부분의 구 소비에트 연방 국가들을 덮쳤고 한때 이스라엘까지 휩쓸었다. 중국과 독일, 일본도 모두 제2차 세계 대전의 여파로 한바탕 인플레이션을 겪었다.

하이퍼인플레이션 상황에서는 통화 공급이 확대되고 동시에 통화 수요가 감소하면서 대폭풍 같은 인플레이션이 밀려온다. 국가들은 '무엇이 그들을 강타할지' 알지 못한다. 국가의 채권이 휴지 조각이 될까 우려하는 투자자들을 더는 끌어모을 수 없을 뿐 아니라, 재정난에 처한 정부는 대개 더 많은 돈을 찍어낸다. 1920년대 바이마르 독일을 덮쳤던 악명 높은 하이퍼인플레이션은 극심한 신뢰 상실로 '돈이 대폭락'할 때 이어지는 결과가 얼마나 처참한지 매우 잘 보여주는 사례다.

제1차 세계 대전에서 독일이 패배한 후, 유럽 동맹국들은 1919년 베르사유 조약의 전쟁 배상금을 지불하라고 독일에 요구했다. 이에 독일은 엄청난 부채 재원을 마련하고 정부 직원들에게 급여를 지급하기 위해 윤전기를 돌려 돈을 찍어냈다. 1919년 1월에서 1920년 2월까지 본원 통화는 58%나 증가했다. 사람들은 상황이 어떻게 돌아가는지 확인할 수 있었다. 화폐의 가치는 종잇조각 수준으로 전락했다. 13개월의 시간 동안 (당시 금과 연동되었던) 1달러를 사는 데 들어간 독일 마르크의 수는 11배나 증가했다. 이는 시작에 불과했다.

금에 기반한 미국 달러를 기준으로 독일 전체 통화 공급량의 가치를 측정해봐도 독일 마르크에 대한 수요가 얼마나 감소했는지 알 수 있다. 1919년 1월 독일의 통화 공급량은 62억 5,000만 달러의 가치였다. 1922년 1월에는 통화 공급량의 가치가 11억 2,000만 달러에 불과했다. 1922년 말에서 1923년까지 하이퍼인플레이션이 극심해졌을 때, 독일 통화 공급량의 가치는 1억 100만 달러까지 무너져 내렸다. 더군다나 독일 중앙은행이 화폐를 계속 발행한 탓에 재앙이 더욱 악화됐다. 당시 중앙은행의 관료들은 통화 부족이 이 사태의 문제이며 상승하는 물가를 따라 잡기 위해 돈을 계속 찍어내야 한다는 비합리적 신념에 빠져 있었다.

독일 마르크의 가치가 급격히 하락하자 물가가 계속 상승하여 통화에 대한 신뢰가 무너졌으며, 독일인들이 극심한 공포에 휩싸이는 악순환이 일어났다. 사람들은 서둘러 재산을 지키려고 손에 넣을 수 있는 경질 자산이라면 다 사들였다. 애덤 퍼거슨Adam Fergusson이 저서 《돈의 대폭락When Money Dies》에서 바이마르를 덮친 하이퍼인플레이션의 끔찍한 실상을 생생히 폭로했다. 당시 연주하지도 못하는 피아노를 사들인 사람들도 있었다고 한다. 그와 같은 과열된 양상이 물가를 더욱 끌어올렸다. 절정기에는 마르크의 하이퍼인플레이션율이 한 달에 거의 30,000%라는 믿기 힘든 수준에 도달했다. 물가는 3일에서 4일마다 2배로 상승하고 있었다. 퍼거슨은 이렇게 말했다. "당신이 식당에 가서 식사 비용이 8,000마르크라는 사실을 확인하고 음식을 주문해서 먹는다고 합시다. 그러나 계산서가 나왔을 때 8,000마르크는 어느새 16,000마르크가 되어있는 것입니다."

1923년 11월, 구화폐가 폐기되고 금과 연동된 신화폐로 대체되었다. 이는 하이퍼인플레이션에 시달렸던 많은 국가가 흔히 보이는 모습이다. 엘살바도르와 에콰도르 같은 국가들이 자국 통화를 포기하고 미국 달러를 공식 화폐로 선택한 것과 같은 이 치다.

하이퍼인플레이션은 단순히 '극심한 인플레이션'이 아니다

사람들은 흔히 인플레이션이 극심해질 때 하이퍼인플레이션 이 발생한다고 생각한다. 원론적으로는 틀린 말이 아니다. 하지 만 중요한 차이가 존재한다. 화폐에 대한 불안감이 팽배했던 1970년대의 심각한 인플레이션 시기에는 통화 공급의 증가세가 하이퍼인플레이션의 수준은 아니었다는 점이다. 예컨대, 닉슨 쇼 크는 완만한 경기 침체에서 벗어나기 위해 케인스학파가 단기적 인 경기부양책으로 마련한 조치였다.

이와 다르게 하이퍼인플레이션 상황에서는 돈 찍어내기가 일 시적인 것이 아니라 주요한 정부 재정 정책으로 도입되었다. 바 이마르 독일을 덮쳤던 하이퍼인플레이션이 대표적 사례다. 독일 이 돈을 찍어낸 수준은 이전 제1차 세계 대전의 적대국들에게 배상금을 지급한 범위를 넘어섰다. 1922년에는 국가 전체 정부 지출의 63%가 화폐 윤전기에서 조달되었다. 윤전기를 정지시킨 다는 것은 정부의 63%가 폐쇄된다는 의미였다.

베네수엘라와 아르헨티나 등 오늘날 하이퍼인플레이션을 겪는 국가들도 마찬가지로 돈 찍어내기에 중독되어 고통을 겪고 있다. 이런 국가들에서 돈 찍어내기는 세금을 걷는 일처럼 일상적인 정부 활동으로 여겨진다. 이렇게 통화 가치가 계속해서 하락함에 따라 생계비가 끝도 없이 상승하여 경제뿐만 아니라 삶의 모든 측면이 왜곡된다.

현대의 인플레이션주의

이런 유형의 끔찍한 현상이 미국에는 경험 밖의 일이라 다행이다(물론 '지금까지는' 그렇다). 19세기 내내 그리고 20세기 초까지 영국, 미국, 이탈리아, 오스트리아, 러시아, 브라질, 아르헨티나, 칠레, 스페인, 포르투갈, 그리스, 일본 등 많은 국가가 대개 전쟁 때문에 잠깐 변동환율제를 채택했다. 그러다 대부분이 금과 연동된 '건전 화폐sound money' 정책으로 돌아갔다. '금처럼 건전한' 화폐가 이상적이라고 여겼기 때문이다.

그렇지만 1930년대 대공황기에 그 생각이 바뀌기 시작했다. 제1차 세계 대전 후 인플레이션 재앙이 독일과 여러 국가를 요동치게 했음에도 '인플레이션주의'가 되살아났다. 당시 통화 팽창주의는 훌륭한 정책일 뿐 아니라 '도덕적 선'으로 여겨졌다.

케인스의 부상

프랭클린 루스벨트는 1933년 대통령으로 취임했을 때 침체한 경제를 되살리려는 노력으로 달러의 가치를 평가 절하했다. 〈뉴욕타임스 *NewYork Times*〉가 보도했듯이, 루스벨트의 목표는 '물가를 끌어올려 무역 포지션에 힘을 싣자는 것'이었다. 루스벨트는 미국 시민들이 소유한 금을 거둬들였으며, 이후 달러의 가치를 금 1온스당 20.67달러에서 35달러까지 70% 평가 절하했다. 대공황이 1930년대 내내 이어졌기에 그 조치는 별로 효과가 없었다. 그런데도 대공황이 '불안정한' 시장의 실패였고 그 해법이 정부의 행동주의에 있다는 인식은 거의 바뀌지 않았다.

영국에서는 경제학자 존 메이너드 케인스 John Maynard Keynes가 정부 지출과 통화 공급을 확대하여 경제적 번영을 이룰 수 있다는 사상을 펼치며 유명세를 떨치기 시작했다. 하지만 케인스는 자신의 영향력에도 불구하고 금 본위제로의 회귀를 둘러싼 논쟁에서 패배했다.

1930년대 혼란을 초래한 평가 절하와 변동환율제에 실망한 세계 44개 동맹국 대표들이 1944년 뉴햄프셔주 브레턴우즈에 자리한 마운트 워싱턴 호텔에서 전후의 새로운 금 본위제를 채택하기로 합의했다.

그로부터 2년 후인 1946년에 케인스가 세상을 떠났지만, 그의 추종자들이 케인스의 이론을 발전시켜 나갔다. 인플레이션을 긍정적 힘으로 보는 사상은 계속 견인력을 얻었다. 1950년대에 뉴질랜드 경제학자 윌리엄 필립스William Phillips가 필립스 곡선 이론을 내놓았는데, 번영의 시기와 '완전 고용'이 인플레이션의 수준과 상관관계가 있음을 보여주는 곡선이다. 이처럼 후진적인 사고에 이끌린 닉슨과 연방준비제도 의장인 아서 번즈Arthur Burns가 1970년의 완만한 인플레이션에 대처하려고 '이지 머니easy money'◆ 전략을 채택했다. 닉슨은 1971년 1월 "나는 이제 케인스주의 경제학자다."라고 선언했다. 그로부터 몇 달 후 건전 화폐와 금 본위제에 대한 미국의 약속이 끝을 맺었다.

케인스주의는 1970년대의 대 인플레이션 이후 호응을 잃었다. 또한 필립스 곡선은 노벨상을 수상한 경제학자들이 그 불완전성을 입증했다. 하지만 한번 주입된 잘못된 사상을 바로잡는 것은 여간 어려운 일이 아니다. 21세기 초반에 스스로 '케인스주의자'라고 하면 다소 옛날 사람으로 보이겠지만, 케인스주의 정책은 명맥을 유지하고 있다. 오늘날 미국을 비롯한 여러 국가가 불안정한 명목 화폐에 의존하고 있는 것이 그 증거다. (그리고 인플레이션주의가 맹렬히 되살아났다.)

◆ 이지 머니: 금융 완화를 일컫는 말로, 자금의 공급이 수요에 비하여 원활해 자금 조달이 용이한 상태다.

연방준비제도의 케인스주의 정책 실패

미국 연방준비제도의 중앙은행 시스템은 1907년 공황 이후 1923년에 도입되었다. 이 새로운 기구가 수행할 본연의 임무는 미국 내 대출 기관들이 위기를 초래할 만한 예금 인출 사태를 벌이지 않도록 '최종 대부자lender of last resort'의 역할을 하는 것이었다. 즉, 미국의 대규모 농업 경제에 필요한 계절적 현금 수요를 맞추기 위해 은행들에 유동성을 제공하는 것이 연방준비제도의 역할이었다. 결국, 중앙은행은 달러의 안정성을 보호하고 인플레이션을 사전에 차단하는 역할도 하게 되었다.

오늘날 연방준비제도의 임무는 시대에 뒤떨어진 것처럼 보인다. 한 세기가 넘는 기간 동안 연방준비제도는 행동주의를 극적으로 확대했다. '1946년 고용법'은 인플레이션과 실업률에 대처할 책임을 연방정부에 맡긴 것이었다. 이 법은 연방준비제도의 정책에 적용되어야 하는 것으로 해석되었다. 1970년대 의회는 케인스주의의 '양대 책무'를 채택해 금리와 화폐 공급을 조정함으로써 '물가 안정과 고용 극대화'를 꾀하라고 연방준비제도에 요구했다. 안정된 달러를 유지하는 일은 더 이상 연방준비제도의 목표가 아니었다. 경제를 이끄는 일이 연방준비제도의 목표가 되었다. 가령, 우리가 경기 침체 국면으로 진입하고 있다면 어떻게 할까? 이자율이 낮은 자금을 공급한다. 약간 거품이 낀 상황으로 보인다면 어떻게 할까? 긴축 정책을 펼친다.

12개 지역의 연방준비은행으로 구성된 연방준비제도는 미국 은행들의 현금이나 지급준비금을 보관하는 곳이다. 중앙은행이 시중에 화폐를 공급하고자 할 때 '공개 시장 조작open market operations'이라는 정책을 시행한다. 투자 은행 등의 금융기관으로부터 유가증권, 주로 국채(재무부 채권)를 매입하는 정책도 공개 시장 조작에 포함된다. 해당 기관들은 국채 매매를 허가받은 국고채 전문 딜러들이다. 연방준비제도는 채권을 매입하기 위해 보통 디지털 방식으로 '허공에서' 돈을 찍어낸다. 그 과정에서 근본적으로 두 가지 효과가 발생한다. 먼저, 연방준비제도가 대출이 가능한 은행들에 돈을 공급함으로써 통화 공급이 증가한다. 그동안에 엉클 샘(채권 발행자, 미 연방정부를 의인화한 별칭-옮긴이)은 재원을 확보한다.

연방준비제도가 긴축하거나 통화 공급을 줄일 때는 채권을 은행에 매각하는 등 앞의 절차를 반대로 밟는다. 즉, 은행들이 채권을 매입한다. 그러면 그 돈이 연방준비제도로 되돌아간다(그리고 사라진다).

오늘날의 중앙은행들은 표면상으로는 독립된 기관이다. 그들은 더 큰 정부를 위해 재원을 확대하려는 정치인들의 정치적 압박에서 자유로운 운영을 해야 한다. 그러나 현실은 그렇지 않다. 이와 관련하여 저명한 경제학자 주디 셸턴Judy Shelton이 〈월스트리트저널Wall Street Journal〉에서 이렇게 밝혔다. '국민들이 진 연방부채의 25% 정도를 연방준비제도가 보유하고 있고 재무부가 이자를 지불해야 하니(또한 매주 재무부에 송금을 하는 연방준비제도의 관행이 있으니) 통화 정책과 재정 정책이 융합된 게 분명하다.'

달리 말해, 워싱턴은 연방준비제도의 채권 매입과 화폐 발행에서 금리가 제로인 '무이자 대출'로 이어지는 끊임없는 흐름에 의존한다. [게다가 사실상 채권에 대한 이자 지급액 전부(현재 연간 900억 달러가 넘는 금액)가 재무부로 다시 돌아간다.] 이렇게 연방준비제도가 가능하게 만드는 대출로 극심한 인플레이션 사이클이 촉진되며, 이어서 정부의 규모가 확대되고 지출이 증가하고 부채가 늘어난다. 결과적으로 이와 같은 무이자 대출을 유지하기 위해 계속 더 많은 화폐를 발행해야 하는 상황에서 연방준비제도에 대한 압박이 가중된다.

이 때문에 일부 사람들은 머지않아 연방준비제도가 금리를 약간만 올리면서 인위적으로 낮은 금리를 유지하려 들 것이라고 우려한다. 그런데 유감스럽게도 상황이 그렇게 돌아가고 있고, 이는 단지 미국에만 해당하는 이야기가 아니다. 다른 나라의 정부들도 저렴한 대출을 찾고 있으며, 갈수록 중앙은행이 금리 인상을 억제하고 낮출 것을 기대한다. 소위 독립적인 중앙은행들이 그에 따르고 있다. 그들은 정부 자금을 효율적으로 조달하기 위해 채권을 매입하고 있다. 즉, 과도하게 많은 화폐를 발행하고 인플레이션을 부추기고 있는 것이다.

케인스주의에서 엄청난 인플레이션까지

연방준비제도는 수십 년 동안 공개 시장 조작으로 주로 금리를 통제함으로써 경제를 이끌어왔다. 여기서 금리를 낮추면 대출 비용이 감소하여 경제 활동이 촉진된다는 가정이 전제된다. 반면에 금리가 인상되면 경제 활동이 위축된다. 그런데 21세기에 케인스주의의 '정책 수단'을 활용하는 정도가 예전에는 상상하지도 못했던 수준에 도달했다. 그 전환점이 2008년 시작된 대침체였다.

과거에는 공개 시장 조작 정책이 단기간의 금리를 인하하거나(완화하거나) 인상하여 주로 통화 공급을 통제할 목적으로 도입되었다. 그러다 2008년 금융 위기 이후 연방준비제도는 '양적 완화QE'라는 새로운 유형의 조치를 취했다. 요컨대, 연방준비제도는 단기적인 금리 인하 조치를 내리지 않는 대신에 장기적인 국채와 주택 저당 증권MBS을 전례 없는 규모로 매입했다. 이렇게 엄청난 매입을 통해 연방준비제도를 비롯해 양적 완화에 나선 중앙은행들이 금리를 거의 제로에 가깝게, 역사상 가장 낮은 수준까지 내릴 수 있었다. 대출 비용을 대폭 낮춰 불안정한 금융계를 지원하고 회복을 부르겠다는 의도였다.

실제로 연방준비제도는 금융 위기를 촉발시킨 주택 거품의 원인인 이지 머니 전략을 강화하고 있었다. 그런데 소수의 관찰자만이 당시의 역설적인 상황에 주목했다. 연방준비제도 의장이었던 벤 버냉키Ben Bernanke는 2012년 연설에서 케인스주의 경제학자 제임스 토빈James Tobin의 논평이 어떻게 이례적인 움직임을 고무했는지 설명했다. 그보다 몇 년 앞서 그는 '대공황기에 연방준비제도가 장기 증권을 매입했다면 미국 경제를 회복하는 데 도움이 될 수 있었다'라고 넌지시 밝힌 바 있다.

연방준비제도의 양적 완화 조치는 심오한 의미가 있었다. 연방준비제도를 비롯한 여타의 중앙은행들은 단기 증권을 매매하여 금리와 화폐를 통제하기보다는 이제 경제에서 힘 있는 장기 채권자로 영향을 미치는 역할을 하고 있다. 특히 일본과 스위스에 소재한 일부 중앙은행들은 기업 지분이나 부동산 투자 신탁REITs을 매입하기 시작했다. 미국과 여타 국가의 중앙은행들은 정부의 부채를 매입해 효율적으로 정부의 적자를 메꾸는 것 같았다. 한때 신중했던 정부들은 이로 인해 대담해진 나머지 평시에 역대 최대 규모의 적자에 시달렸다.

게다가 연방준비제도의 행보에 날개를 달아준 것은 '바젤 III Basel III'◆ 국제 규제 협약에 따른 새로운 글로벌 은행 감독 기준이었다. 2010년에 처음으로 도입된 새로운 규정은 은행들이 현금보유량을 대폭 늘리도록 만들어 2008년의 금융 위기를 반복하지 않도록 하는 것이 목적이었다. 그에 따라 중앙은행들은 달

◆ 바젤 III: 금융 위기 재발을 막기 위해 내놓은 은행 자본 건전화 방안의 개혁안. 자본 건전성 규제와 유동성 규제가 중심이다.

러에 대한 증가한 수요를 충족시키기 위해 화폐 공급을 급격히 확대해야 했다. 은행들이 지급준비금이라는 완충장치를 확대하도록 장려하기 위해, 연방준비제도는 은행의 지급준비금 잔액에 대한 이자를 지급하는 또 다른 이례적인 행보를 시작했다.

〈그랜츠 인터레스트 레이트 옵저버_Grant's Interest Rate Observer_〉의 발행인 짐 그랜트_Jim Grant_는 그에 따른 결과를 다음과 같이 설명했다. "수조 달러에 달하는 거액이 연방준비제도의 비활성 계정에 묶였습니다. (···) 동결 상태에 있는 편이 나았던 달러 (···) 그 돈은 유통되지 않았습니다."

인플레이션이 아닌 인플레이션

이 동결 때문에 불안감이 널리 확산되었음에도 불구하고 양적 완화로 인한 1970년대 수준의 인플레이션이나 하이퍼인플레이션이 발생하지 않았다. 그렇더라도 새로운 시각이 등장하고 있었다. 즉, 연준은 인플레이션으로 인해 경제가 고통받는 결과를 만들지 않으면서 엄청난 양의 돈을 찍어낼 수 있다는 것이다.

그리고 연주는 계속된다···

2008년에서 2021년 초에 미국 본원 통화는 8,300억 달러에서 6조 달러까지 폭발적으로 증가했다. 이와 같은 급격한 증가는 새로운 은행 규제책과 관련한 일시적 효과였다. 미국 밖에서 사용되는 달러 지폐가 대폭 증가한 것은 물론 경제 성장에 따른 자연적인 수요도 어느 정도 원인이 되었다. 그렇더라도 은행들의 현금보유량은 새로운 규제 감독 기준을 넘어섰다.

그러나 연방준비제도를 비롯한 중앙은행들은 화폐 발행을 두고 페달에서 발을 떼고 속도를 줄이려는 의지를 여전히 충분히 보여주지 않고 있다. 그들은 금리가 급상승하면 또 다른 침체가 일어날 수 있다고 우려했다. 그리고 불경기는 끝났을지 몰라도 지출은 아니었다. 미국뿐만 아니라 다른 국가들도 계속해서 막대한 적자에 시달리고 있다.

역사적인 통화 팽창은 10년 남짓 만에 달러 가치를 대폭 떨어뜨리는 원인이 되었다. 2008년에서 2020년까지 금 가격이 1온스당 900달러 정도에서 1,800달러까지 치솟음에 따라 달러 가치는 절반으로 떨어졌다. 그러나 중앙은행들은 충분한 인플레이션이 없다며 공개적으로 우려를 나타냈다.

역레포를 통한 화폐 발행 영향력 상쇄

2021년 연방준비제도는 매달 1,200억 달러 규모의 국채와 주택담보부증권을 사들이고 있었다. 그런데 흥미로운 점은 그 과정에서 금 가격을 끌어올리지도, 달러 가치를 떨어뜨리지도 않았다는 사실이다. 중앙은행은 어떻게 그렇게 할 수 있었을까?

'역환매 조건부 채권매매 reverse repurchase agreement' 또는 '역레

포reverse repo'라 불리는 수단을 통해서였다. 이렇게 잘 알려지지 않은 금융 조절 수단을 통해 연방준비제도는 국채와 주택담보부 증권을 매입하고 은행에 자금을 보낸다. 이후 이 과정을 역방향으로 전환하고 국채를 담보로 하여 은행으로부터 다시 돈을 빌린다. 결국 시스템에서 돈이 사라지게 된다. 그렇지만 잊지 말아야 할 사실이 있다. 은행들은 공식적으로 연방준비제도에 돈을 빌려주고 있다. 중앙은행은 단기간에, 종종 하룻밤 사이에 이자와 함께 원금을 상환한다.

이런 식으로 돈이 왔다 갔다 한다. 이 과정에서 연방준비제도는 화폐 공급을 확대하지 않고도 수십억 달러의 채권을 매입할 수 있다. 역레포는 한쪽 웅덩이의 물을 빼서 다른 쪽 웅덩이를 채우는 일에 비유할 수 있다. 최종 효과는 연방준비제도의 국채 매입 효과를 상쇄함으로써 화폐 공급이 확대되는 것을 방지하여 달러 가치가 하락하지 않도록 만드는 데 있다.

2021년 2월, 연방준비제도의 대차대조표에서 역레포가 차지하는 부분이 거의 없었다. 그러다 같은 해 12월에 그 수치가 1조 7,000억 달러 넘게 늘어났다. 역레포 항목은 그때까지 별로 주목받지 못했다. 그럼에도 연방준비제도는 역레포 거래를 통해 국채를 매입하여 대차대조표를 계속 확장했다. 이 조치로 금리가 억제되고 부주의한 정부 차입이 용이해졌다. 만약 갑작스럽게 군사 위기 같은 상황이 발생하거나 엉클 샘이 협약을 이행하지 못한다면 어떻게 될까? 2008년의 사태를 일시적 문제로 보이게

할 만한 금융 위기를 겪게 될 것이다.

왜 돈을 더 찍어내지 못할까?

미국이 인플레이션을 일으키지 않고 화폐 공급을 확대할 수 있다면, 왜 돈을 계속 찍어낼 수 없을까? 표면상 빈곤층을 돕고 세계를 구할 목적의 정부 정책에 재원을 조달하기 위해서라도 돈을 더 찍어낼 수 있지 않을까? 이러한 물음은 현대화폐이론◆ 의 핵심을 이룬다. 현대화폐이론은 바이든 자신은 물론 알렉산 드리아 오카시오-코르테즈Alexandrea Ocasio-Cortez 하원의원 등 사회 주의를 표방하는 '진보주의자들', 버니 샌더스Bernie Sanders 상원의 원, 바이든 행정부의 관료들 사이에서 유행하고 있다. 미국이 정 부 지출을 늘려 인플레이션을 막을 수 있다고 주장했던 당시 바 이든은 그릇된 생각을 앵무새처럼 되풀이하고 있었던 셈이다.

현대화폐이론은 과거 학계의 소수 의견에 지나지 않았지만, 세간의 이목을 끄는 옹호자들 덕분에, 또 스토니브룩 대학의 경 제학 교수 스테파니 켈튼Stephanie Kelton이《적자의 본질The Deficit Myth》을 출간한 이후 새로운 이론으로 주목받고 있다.

◆ 현대화폐이론: 과도한 인플레이션만 없으면 경기 부양을 위해 화폐를 계속 발행해도 된다는 이론.

켈튼은 정부가 공짜 혜택이 넘쳐나고 그린뉴딜Green New Deal 같은 정책을 펼치는 복지국가, 즉 '인민 경제People's Economy'를 손쉽게 제공할 수 있다고 생각한다. 엉클 샘은 지출을 계속할 수 있는데, 켈튼의 말대로라면, '엉클 샘의 돈은 마르지 않기' 때문이다. 연방준비제도의 채권 매입과 화폐 발행은 거의 무한정 가능한 일이라고 켈튼은 주장한다. 결국, 그 모든 일은 이미 진행되고 있지 않은가?

켈튼은 일본을 사례로 제시한다. 일본의 중앙은행은 자국 국채의 50%(미국 연방준비제도가 보유한 연방 부채의 2배)를 거의 제로 금리로 보유하고 있다. 그럼에도 켈튼의 말마따나 일본은 미국처럼 잘 해내고 있다.

그러면 일본의 막대한 부채는 어떠할까? 간단한 문제라고 켈튼은 말한다. 일본의 모든 은행이 해야 할 일은 지급준비금을 만들어 일본의 국채를 다 매입하고 그렇게 함으로써 정부의 의무를 탕감하는 것이다. '지팡이로 툭 한 번 치거나' 자판을 한 번 두드리기만 해도 '부채가 획! 사라진다'라고 켈튼은 자신의 책에서 밝혔다.

켈튼은 인플레이션에 대한 우려를 부인하지 않는다. 그러면서도 '우리에게 필요한 상품과 서비스를 충분히 공급하는 생산적인 경제'를 창출하여 인플레이션을 통제할 수 있다고 주장한다. 켈튼은 이를 실현하는 방법이 무엇이라고 했을까? 바로 정부 정책을 확대하고 세금을 늘리는 것이다.

오래된 포도주를 새 부대에

이를 어떻게 평가할 수 있을까? 현대화폐이론에 '현대적인 것'은 하나도 없다. 있다고 해도 지금의 베네수엘라나 18세기 프랑스의 이야기처럼 들린다. 연방준비제도가 켈튼의 가상 복지국가에 끊임없이 자금을 댄다면, 투자자들을 비롯해 달러를 보유한 사람들은 전부 달아나고 말 것이다. 달러는 90년대 러시아 루블화나 쿠바 페소화의 전철을 밟을 것이다.

세금이 늘어나고 정부 관료 조직의 규모가 확대되면, 경제가 안정되고 인플레이션의 가능성이 낮아질까? 켈튼은 그런 점에서 베네수엘라나 또는 아르헨티나, 쿠바 같은 나라에서 일어나고 있는 현상의 본질을 설명한다. 고삐 풀린 정부가 돈을 무제한으로 찍어내어 재원을 조달하는 나라들 말이다. 지출을 제한해야 하는데도 정부가 제멋대로 하게 놔두면 불편한 납세와 대출 없이 지출할 수 있는 혜택을 전부 누릴 수 있다고 주장하게 된다. 그러고 나면 못할 게 없어진다. 켈튼이 품었던 '인민 경제'의 비전은 요술 같은 돈으로 지탱되는 것으로, 하이퍼인플레이션을 초래하는 확실한 공식이다.

"인플레이션은
언제 어디서나 화폐적 현상이다."
– 밀턴 프리드먼

3장

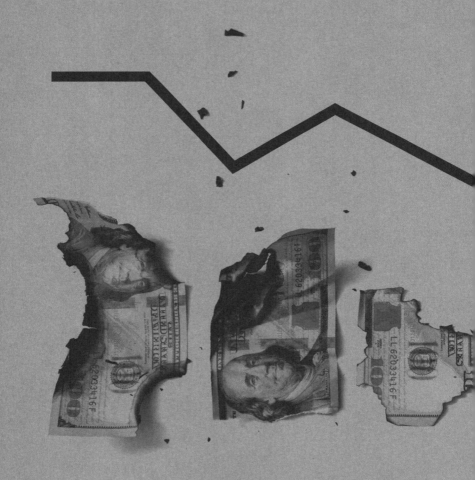

인플레이션은
왜 나쁜가?

Why
Inflation
Is Bad

우리는 왜 인플레이션이 나쁘다고 생각할까? 사실 일반 시민들의 인식과 다르게 경제계는 대체로 이 통념에 동의하지 않을 것이다. 그들은 낮은 강도의 인플레이션이 실제로 경제에 좋은 영향을 미친다고 주장한다.

2020년 여름, 팬데믹으로 인한 셧다운의 결과로 수백만 명이 실직하자 연방준비제도 이사회 의장 제롬 파월은 목표치인 2% 물가 상승률을 웃돌더라도 용인하겠다고 발표했다. 물가 상승률 2%는 중앙은행이 '안정성'을 이룬다고 믿는 수준이다. 그는 "연방준비제도가 물가 상승을 용인한다는 것을 많은 사람이 직관에 반한다고 여길 것이다."라고 인정한 후 "안정적 수준의 인플레이션은 경제가 잘 작동하는 데 필수적이다."라고 설명을 이어갔다.

파월은 덧붙여 말했다. "음식, 휘발유, 주거지 같은 필수 품목에 대한 물가 인상이 많은 가족들, 특히 일자리와 소득을 상실해 고생하는 사람들이 직면한 부담을 가중한다는 점을 우리는 분명히 염두에 두고 있다. 그러나 너무 낮은 물가가 지속되면 심각한 위험을 야기할 수 있다."

파월의 반직관적인 생각은 경제계를 통해 퍼져나갔다. 웹사이트 'Marketplace.org'의 인터뷰에 응한 한 경제학 교수는 "인플레이션이 부족하면 소비자들에게 문제가 생길 수 있다. 물가가 떨어지면 매출에서 회사가 벌어들이는 수익이 줄어서 임금이 감소할 가능성이 있기 때문이다."라고 주장했다. 물가 상승률이 2%가 되지 않았고 소득증가율이 치솟았던 팬데믹 이전에는 분명히 그렇지 않았던 것 같다. 2019년 가계중위소득은 6.8% 증가해 사상 최대 증가율을 기록했다.

그러나 경제전문가들, 또 언론에 등장하는 많은 사람이 소위 인플레이션의 장점을 계속 내세우고 있다. 몇 년 전으로 거슬러 올라가서 대침체 때 〈뉴욕타임스〉는 케인스학파의 인플레이션주의가 부활한 것을 환영했다. 그들의 이야기는 다음과 같은 말로 전달되었다. '연방준비제도 안팎의 많은 사람이 이제 인플레이션이 도움이 된다고 생각한다.'

알래스카 앵커리지에 소재한 교육위원회는 이를테면 교사들의 임금을 억제하기 위해 인플레이션에 의존하고 있다.

코스트코와 월마트 등의 소매업체들은 이익을 늘리기 위해 더 높은 물가 상승을 바라고 있다. 연방정부는 인플레이션으로 인해 부채 부담이 줄어들 것이라고 예상한다.

한 신문은 하버드 대학교 경제학과 교수인 켄 로고프Ken Rogoff의 말을 인용했다. "적당한 인플레이션이 지속해서 발생하는 것은 걱정할 문제가 아니다." 실제로 그는 이렇게 말했다. "그것은 수용되어야 한다."

정말일까? 누군가가 리처드 딕슨 씨에게 이 일반 통념에 관한 의견을 물어볼 의향이 있는지 궁금하다. 딕슨과 그의 아내는 미주리주 캔자스시티에 거주한다. 손주 넷을 돌보는 부부는 기저귀 가격이 한 달만에 300달러까지 치솟는 모습을 지켜봤다. 중년의 부부는 상승하는 물가에 부담을 느껴 필수품의 소비를 줄일 수밖에 없었다. 그러면 시카고 교외에서 네 아이를 돌보며 그럭저럭 살아가려 애쓰는 젊은 엄마 멜리사 로버츠의 경우는 어떨까? 로버츠의 남편은 가구 판매원으로 일하다가 팬데믹으로 인해 직장을 잃었다. 식비가 하늘 높은 줄 모르고 치솟은 탓에 늘어난 식료품 비용을 두고 부부싸움이 났고, 결국 이 가족은 고기를 비롯해 신선한 과일과 채소를 줄인 것은 물론 값싸고 질 낮은 식단을 선택할 수밖에 없었다.

캄보디아 같은 국가의 빈곤층은 어떠한가? 식료품 가격이 급등한 탓에 기아가 확산하였고 코로나19의 악몽이 더욱 심해졌다.

이들에게 물어본다면, 과연 물가 상승의 장점이란 게 있는지 의문이 들 것이다. 이들의 말이 옳을 것이다. 물가를 인상하려는 연방준비제도의 정책은 상식에 반하기 때문에 제롬 파월의 말마따나 '반직관적'이다. 2%나 5%, 혹은 어느 정도의 인플레이션율이든지 간에 사람들에게 좋을 건 전혀 없다.

연방준비제도를 지배하는 후진적 사고

왜 연방준비제도의 관료들은 '낮은 수준의 인플레이션'을 일으켜야 사람들을 더 부유하게 만들 수 있다는 생각에 빠져 있을까? 영향력 있고 뛰어난 설득력을 겸비했던 영국의 경제학자 케인스는 통화 공급량을 조절하여 완전 고용을 달성할 수 있다는 이론을 딱 대공황 시기에 최초로 제기했다. 이 사상은 잘못 판단된 것이지만 만연한 실업 문제의 종식을 갈망한 한 국가의 시대정신과 맥을 같이 했다(경제에 영향력을 확대하려는 중앙은행 관료들의 야망은 말할 것도 없다). 애석하게도, 이 사상은 그 이후 줄곧 우리 곁에 머물고 있다.

필립스 곡선이 확인된 이후

인플레이션과 고용에 관한 케인스의 사상은 1950년대에 실제로 설득력을 얻기 시작했다. 뉴질랜드의 경제학자 윌리엄 필립스가 필립스 곡선으로 알려진 그래프를 공개한 이후였다. 필립스 곡선은 물가 상승과 낮은 실업률 사이에 명백한 상관관계가 있다는 점을 보여주었다. 인플레이션이 곧 일자리 창출이라는 것이 필립스가 내린 결론이었다.

그런데 필립스 곡선의 문제는, 다 알겠지만, 인플레이션이 확인된 이후의 사고를 바탕으로 한다는 점이다. 그래서 이 이론이 틀렸음을 증명한 경제학자들에게 7개의 노벨상이 수여되었다. 경제사학자 브라이언 도미트로빅 Brian Domitrovic 은 '포브스닷컴 Forbes.com'을 통해 인플레이션 때문에 고용이 창출되지 않으므로 되려 그 반대(실업율 증가)가 옳다고 지적했다.

도미트로빅이 언급했듯이, 1980년대 초 인플레이션 시기의 실업률은 정점에 달해서 2008년 금융 위기 때와 비교했을 때 그보다 훨씬 높은 수준이었다. 화폐의 가치가 떨어지고 난 후 처음에는 활기가 넘치고 일자리가 어느 정도 창출될 것이다. 하지만 이 분위기는 금세 가라앉는다.

케인스학파의 신념과는 반대로, 낮은 실업률은 통화가 안정되고 인플레이션이 최저 수준인 시기와 맞물린다. 이런 점에서 미국은 금 본위제를 시행했던 1920년대에서 1960년대 사이에 완전 고용(실업률 5% 미만)이라고 할 만한 것을 경험했다.

로널드 레이건 Ronald Reagan 이 달러를 안정시키고 세율을 낮춰 인플레이션을 종식한 후 1980년대 경제와 함께 일자리 창출이 호황을 이루었다. 또 다른 예로 스위스가 있다. 스위스 통화는 필립스 곡선의 흔적이 없었던 지난 100년간 그 가치를 매우 잘 유지했다. 스위스의 실업률은 3% 정도였다.

화물 신앙 사고

특정한 상품의 가격 인상을 두고 경제 성장을 논하기도 한다. 그러나 생계비를 올려야 번영을 이룬다는 개념은 상관관계와 인과관계를 혼동하는 화물 신앙cargo cult 사고다. 낮은 물가 상승률이 경제를 위험에 빠트리고 만다는 생각도 마찬가지로 터무니없는 것이다. 컴퓨터나 TV의 가격이 떨어졌다고 불평하는 사람이 있을까?

인플레이션 없는 황금기

낮은 물가 상승률이 정말로 나쁘다면, 우리 역사에서 오늘날 대부분 잊힌 시기, 즉 19세기 고전적 금 본위제 시대에 전례 없는 경제 성장이 일어난 사실을 어떻게 설명할 수 있을까? 미국이 남북전쟁 중에 금 본위제를 중단한 일을 비롯한 개별적 예외 사례에 더해 19세기 후반기에 미국은 물가가 실제로 하락하는 시기를 겪었다. 그럼에도 불구하고 100년의 호황을 누렸다.

알렉산더 해밀턴이 안정된 금 기반의 통화 체계를 수립한 사실은 투자자들이 투자금을 확실히 가치를 잃지 않는 화폐로 상환받을 수 있음을 의미했다. 그 덕분에 대출과 투자가 촉진되었다. 미국은 해외 자금을 끌어들이는 매력적인 곳이 되었고, 달러

는 성장을 누리는 신생 벤처로 흘러들어 생산성과 혁신이 강화
되었으며, 그 결과 물가가 하락했다. 1870년에서 1890년까지 철
강 생산 비용이 6분의 1로 감소했다. 전 세계 철강 생산량은
20배 높은 수치로 치솟았으며, 이렇게 저렴해진 철강이 성장하
는 도시에서 철도와 고층 건물의 자재로 널리 사용되었다.
1880년대에 미국은 연간 7,000마일(약 11,265km)에 이르는 철로
를 새로이 부설했다. 운송 비용은 급락했다.

더불어 철강은 850달러라는 저렴한 가격으로 1908년 출시된
포드 모델 T 같은 자동차의 재료로 대폭 투입되었다. 헨리 포드
Henry Ford가 조립 공정을 완성한 1925년 자동차 가격이 260달러
까지 떨어졌다. 1850년대에 주로 등불의 연료로 사용된 고래기
름은 갤런당 약 1.75달러를 기록했다. 그러다 1870년 대체 물질
인 등유가 나오면서 고래기름의 가격은 갤런당 0.26달러로 떨어
졌다. 1911년에 등유 1갤런은 9.2센트에 이르렀다. 이런 유형의
디플레이션으로 인해 미국은 1913년 세계에서 가장 부유한 나
라가 되었다.

미국과 영국의 사례를 따라 유럽 국가들 대부분이 그리고 결
국 일본까지 자국의 통화를 금에 고정했다. 이전의 모든 세기에
창출된 부를 다 합친 것보다 훨씬 더 많은 부가 1800년대에 창
출되었다.

번영에 이르는 길을 평가 절하할 수 없는 이유

케인스의 주장에 따르면, 인플레이션이 발생하면 임금의 실제 가치가 감소해 노동자 고용 비용이 줄어들어 고용이 촉진된다. 이 현상은 인플레이션 초기에 잠시 일어날 수도 있다. 그렇지만 통화가 평가 절하되어 임금이 인상되는 듯 보여도 한편으로 생계비도 증가한다. 그에 따라 노동자들은 형편이 나빠지고, 결국 경제가 어려움에 빠진다.

화폐 전문가인 스티브 한케는 이렇게 말했다. "평가 절하로 인해 그만큼 성장이 일어났다면, 당신은 아프리카가 호황을 누리고 남미가 세계를 주도한다고 생각할 것이다." 하원의원을 지냈던 론 폴Ron Paul은 이렇게 말했다. "정부나 중앙은행이 정말로 통화를 늘려 부를 창출할 수 있다면, 왜 세계 어느 곳에나 가난이 존재하는가?"

인플레이션의 가공할 불평등

낮은 인플레이션의 필요성을 주장하는 케인스학파의 사상은 모든 것을 거꾸로 돌려버린다. 어떻게 우리 주머니 속에 있는 돈의 가치가 낮아지는데 우리 또는 누군가가 부자가 될 수 있을까?

은밀한 세금

물론, 아닐 수도 있다. 많은 경제학자가 인플레이션을 '스텔스 세금steath tax'◆이라고 하는 것도 다 그런 이유 때문이다. 잘 알려진 대로, 정부가 통화를 평가 절하하여 '국민의 재산 일부를 눈에 띄지 않게 비밀리에 몰수할 수 있다'라고 케인스는 인정했다.

한 간호사가 50,000달러의 소득을 벌어들인다고 가정해 보자. 만약 연간 물가 상승률이 2%(연방준비제도가 '안정성'으로 정한 수준)라면, 생계비가 상승해 간호사의 연봉이 사실상 1,000달러나 감액된 것이나 다름이 없다.

인플레이션 불평등

인플레이션으로 슬며시 부과된 세금은 고정된 급여를 받는 직장인들, 예금자들, 연금을 받는 은퇴자들(법을 지키며 사는 사람들)에게 형벌처럼 가해진다. 세금은 그들의 소득을 갉아먹을 뿐 아니라, 특히 그들에게 필요한 상품과 서비스의 가격을 밀어올린다. 스토니브룩 대학의 교수이자 사회과학자인 토드 피틴스키Todd Pittinsky는 "물가는 대개 사치품보다는 기본 필수품과 관련해서 더 상승하는데, 이는 경제학자들이 '인플레이션 불평등inflation inequality'이라고 부르는 현상이다."라고 지적했다. 피틴스키의 주

◆ 스텔스 세금: 레이더에 포착되지 않는 스텔스 전투기처럼 납세자가 세금을 내고 있다는 사실을 느끼지 못하게 만든 세금.

장은 여러 연구 결과로 입증되었는데, 지니 계수◆ 같은 지표로 측정되었듯이, 인플레이션은 소득 불평등을 증가시킨다.

인플레이션이 발생하면 저소득층이 타격을 입는 한편, 전문지식을 갖춘 개인들과 기업들, 특히 통화 가치가 변동되는 환경을 극복할 수 있는 금융기업들이 뜻밖의 이익을 얻는다. 가난한 사람은 더 가난해지고, 부자는 더 부유해지는 것이다. 저명한 경제학자로 20여 권이 넘는 책을 펴낸 마크 스쿠젠Mark Skousen은 루트비히 폰 미제스Ludwig von Mises의 사상을 들어 가장 많은 혜택을 얻는 사람들이 대개 연방준비제도가 창출한 돈을 가장 먼저 받는다고 지적한다. 누가 이 범주에 속할까? 스쿠젠에 따르면, '대형 은행, 상업적 이해관계자들, 주식 투자자들, 월스트리트'가 그 수혜자에 포함된다.

또한 인플레이션이 발생하면 정부의 세입이 엄청나게 증가한다. 임금이 인상되어 사람들이 높은 과세 등급으로 떠밀리기에 엉클 샘은 더 많은 세금을 거둬들이게 된다. 미국은 2021년 연간 연방 세수 증가율이 1970년대 후반 이래 가장 높았다. 쇼핑가에 있는 사람들은 인상된 물가에 적응하려 무던히 애쓰고 있을지도 모른다. 하지만 정부 관료들은 인플레이션 덕분에 엄청난 세수

◆ 지니 계수: 대표적인 소득분배지표. 빈부격차와 계층 간 소득의 불균형 정도를 나타내는 수치로, 소득이 어느 정도 균등하게 분배되고 있는지 알려준다. 지니 계수는 0부터 1까지의 수치로 표현되는데, 값이 '0'(완전평등)에 가까울수록 평등하고 '1'(완전불평등)에 근접할수록 불평등하다는 뜻이다.

를 거둬들인다.

인상된 임금에 관한 또 다른 논점

코로나19 위기는 근본적인 인플레이션 불평등에 대한 매우 인상적인 예시가 된다. 2021년 10월 〈월스트리트저널〉은 부동산 등 특정한 부문들이 호황을 누리는 것 같다고 보도했다. 그러나 한편으로 노동자들은 그 대가 또한 치르고 있다. 그들의 급여가 올라간 듯 보였지만, 실제 시간당 소득(달러 구매력)이 1년이라는 기간 동안 2% 정도 감소한 것이다. 펜실베이니아 대학이 놀랄 만한 추정치를 내놓았는데, 평균 미국 가정은 물가 상승률을 따라잡기 위해 3,500달러 이상을 지출했다고 한다. 존 로크가 통화의 평가 절하를 "한 사람의 권리와 소유권을 다른 사람에게 넘기는, 정의에 대한 공공의 실패"라고 한 사실에 비추어 보았을 때 별로 놀랍지 않은 결과다.

부채의 조력자

인플레이션은 불공평하게도 채무자들에게는 유리하지만 대출 기관들에는 불리한 영향을 미친다. 임대나 담보 대출로 고정된 약정을 체결한 사람들은 가치가 낮아진 돈으로 대출금을 갚아나가게 된다. 다른 경제 부문의 부풀려진 가치에 비교했을 때,

우리의 빚이 갑자기 예전보다 합리적으로 보인다. 그래서 인플레이션은 흔히 '부채의 조력자'라고 불린다.

엄청난 통화 팽창이 일어난 국가에서 천문학적인 금리가 흔한 조치가 된 것도 다 그런 이유 때문이다. 가치가 더 낮아진 통화로 빚을 갚을 수 있는 시기에 돈을 빌려주고 싶어하는 사람은 없다. 2021년 아르헨티나는 연간 물가 상승률이 51%, 금리가 38%를 기록했다. 물가 상승률이 20%가 넘어 아르헨티나보다 (비교적) 온건한 인플레이션을 겪은 튀르키예는 15%의 금리를 기록했다. 1970년대 대 인플레이션이 발생한 미국에서는 달러의 가치가 곤두박질치자 금리가 거의 22%에 도달했다.

재정 파탄

통화 가치의 평가 절하와 하이퍼인플레이션을 겪었던 베네수엘라와 아르헨티나 같은 국가에서는 자금 조달이 사실상 불가능하다. 외국 자본을 끌어모으거나 정치적 인맥으로 정부 보조금이나 대출을 받을 수 있을 만한 큰 기업들은 예외이겠지만 말이다. 그런 국가에서는 신용카드, 소비자 부채, 주택 담보 대출, 중소기업 대출이 고금리인 경우에만 가능하고 그 외는 가능하지 않다. 채권자와 채무자의 협력 또한 거의 불가능해졌다. 정부조차도 고리대금업에 가까운 고금리, 1년 미만의 짧은 상환 기간을 설정하지 않는 한 돈을 빌리지 못한다.

제로 금리의 더한 왜곡

21세기에 일어난 인플레이션의 왜곡 현상은 우려스러운 정책 (중앙은행들이 인위적으로 금리를 인하한 조치)으로 인해 악화하였다. 인플레이션은 전통적으로 금리 인상을 동반한다고 하지 않았는가? 그렇다. 앞에서 언급했던 얘기다. 이는 최악의 인플레이션을 겪는 국가들에 여전히 해당하는 얘기다. 그런데 2008년 이래 연방준비제도를 비롯한 중앙은행들이 이 규칙을 깨고 있다. 그들은 역대 가장 낮은 수준까지 금리를 끌어내렸다.

기준 금리를 낮춰 대출을 장려함으로써 경기를 부양한다는 정책은 본질적으로 케인스주의의 극단적인 사례다. 그 결과는 자본 시장의 왜곡으로 나타났고, 그에 따라 소액 대출자들이 불이익을 받았다. 무이자 대출에서 수익을 내지 못하는 은행들이 위험한 신규 대출자들에게 돈을 빌려줄 이유가 있을까? 은행들은 사실상 돈을 빌릴 필요가 없는 사람들은 물론 부유한 사람들이나 신용위험이 분명한 대기업들을 선호할 것이다. 결국에 큰손들이 무이자로 대출을 받게 된다.

컴퓨터 업계의 거인 애플Apple은 순 현금 자산 8,000억 달러를 보유했지만, 수천억 달러의 부채 역시 안고 있다. 8년이라는 기간 동안 애플은 사실상 비용을 들이지 않고 4,440억 달러 정도의 자사주를 매입하여 주식 수를 35%나 줄였으며, 이를 통해 주가와 배당금을 끌어올렸다.

물론 이 시대 최대 채무자는 미국 정부로, 2021년 초 전체 연방 부채가 약 29조 달러에 달했다. 인플레이션에 제로 금리의 무이자 대출이 더해졌다는 것은 엉클 샘이 채권소유자들에게 지급하는 수십억 달러를 절감한다는 의미다. 이렇게 비용을 절감함으로써 정부는 이미 비대해진 관료제 및 고삐 풀린 복지 정책 계획에 투자를 늘릴 수 있게 된다.

정책을 확대한다는 것은 비용이 늘어나고 결국 대출이 늘어나 화폐를 더 많이 발행해야 한다는 의미다. 이것이 악순환하는 인플레이션 사이클이다. 이와 관련하여 존스 홉킨스 대학의 정치학자 조셉 조프Josef Joffe가 다음과 같은 의견을 밝혔다. "인플레이션은 공공 부채를 서서히 녹이고 수문을 계속 열어두는 최상의 방법이다. 불리한 점은 무엇일까? 평가 절하된 달러로 인해 대중이 더 가난해져서 정부에 더 의존하게 된다는 것이다."

화폐 착각에 속는 시장

수요와 공급에 대한 시장 인식에 가격 신호price signal가 매우 중요한데, 이 가격 신호를 인플레이션이 왜곡하는 과정을 앞서 설명했다. 인플레이션의 화폐 착각에 속은 사람들은 대개 인플레이션에 따른 가격이 현실적인 가치를 나타낸다고 잘못 해석한다. 그래서 본질적으로 잘못된 정보를 바탕으로 구매나 투자를 위한 의사결정을 내린다. 인플레이션이 돈의 가치를 왜곡하는 현상은 결국 시장 행동을 왜곡하는 결과로 이어진다.

부족하지 않았던 '에너지 부족 현상'

1970년대 연료 위기는 화폐 착각의 파괴적 영향력을 보여주는 교과서 같은 사례다. 닉슨 쇼크 이후 미국 달러가 평가 절하되었고, 그 때문에 전통적으로 통화의 평가 절하를 제일 먼저 인식하는 원자재 시장의 품목들 가격이 일시에 올라갔다.

배럴당 3달러 정도를 오랫동안 유지했던 석유 가격은 1973년부터 1975년까지 배럴당 12달러로 급등했다. 이로 인해 에너지가 고갈되고 있다는 우려가 세계에 확산하였다. 공포감은 거의 공황에 가까웠다. 〈뉴스위크*NewsWeek*〉가 표지 기사로 '미국이 다 고갈되고 있다'라고 보도했을 정도다.

에너지 위기로 인해 사람들이 주유소 가스 펌프 앞에서 끝없이 줄을 서게 된 것이 아랍의 석유 금수 조치 때문이라는 인식이 널리 퍼졌다. 그러나 그 현상은 화폐 착각에 불과했다. 경제학자 브라이언 도미트로빅은 가정된 부족 현상이 석유 위기가 아니라 통화의 위기였다고 설명한다. 달리 말해, 그것은 달러의 평가 절하에 따른 직접적 결과였다.

도미트로빅은 미국이 금 본위제를 폐지하고 나서 며칠 후 중동의 석유수출국기구OPEC의 사무총장이 보내온 서신을 언급했다. 외환 시장에서 유동적인 달러의 가치가 하락한다면 'OPEC 회원국들이 그에 맞춰 원유 공시가격을 조정하는 데 필요한 조치를 취할 것'이라고 그는 경고했다.

도미트로빅의 주장에 따르면, 미국이 닉슨 쇼크 이후 건전하고 안정적인 달러를 회복시켰다면 연료 위기를 겪지 않았을 것이다. 또한 휘발유 1갤런의 가격이 50센트를 넘어가지 않았을 것이다.

인플레이션의 왜곡

미국 주택 시장의 거품은 서브프라임 모기지 시장을 붕괴시켜 2008년 금융 위기를 초래했다. 이는 인플레이션에 의한 화폐 착각이 불러온 또 다른 결과다. 이야기는 2000년대 초반으로 거슬러 올라간다. 당시 '닷컴 붕괴dot-com bust'로 알려진 것처럼 기술주가 폭락했고 경기 침체가 이어졌다. 이에 연방준비제도는 경기를 부양하기 위한 일련의 조치로 연방 기금 금리를 1%까지 내렸다. 2000년부터 2003년 사이에 본원 통화는 인플레이션을 겪은 1970년대의 수준과 맞먹을 정도로 증가했다. 그에 따라 달러 가치가 하락했고 금 가격도 가파르게 상승했다.

잊지 말아야 한다. 화폐가 평가 절하될 때 돈이 제일 먼저 흘러들어 가는 곳이 주택 등의 경질 자산이다. 그래서 1970년대 인플레이션 시기에 담보 대출금이 부풀려진 반면에 주택 가격은 상승했기에 주택 소유자들이 최대 승자가 되었다. 연방준비제도의 저렴한 돈으로 은행들이 부동산 담보 대출을 거저 제공하도록 권장되었던 2000년대 초반, 주택은 더욱 매력적인 투자 수단으로 통했다. 그 때문에 대출 기준이 느슨해졌으며 위험성이 높아진 서브프라임 대출자들에게 보다 많은 대출이 제공되었다. 서브프라임 모기지 시장은 200%나 성장했다.

구매자와 판매자는 인플레이션의 집단적 본능에 사로잡혔다. 주택 구매자들은 주택 담보 대출에 필요했던 20%의 다운페이먼트down payment◆를 더는 요구받지 않았다. '명시된 소득 대출'도 유행했다. 이 대출은 '서류가 필요 없는 대출' 또는 '거짓말쟁이 대출'로 불렸는데, 채무자들이 소득을 속일 수 있고 제출하는 서류도 거의 심사되지 않았기 때문이다. 너도나도 행동으로 옮기려한 것은 전혀 놀라운 일이 아니었다. 플로리다주 세인트피터즈버그에 사는 한 노숙자는 집 다섯 채를 살 수 있었다. 그리고 투기꾼들이 시장으로 몰려들었다. 달러의 약세로 인해 가격 정보가 무너진 탓에 사람들은 주택 가격과 수요가 오르기만 할 것이라고 믿게 되었다. 가격이 오르니 채무불이행의 위험이 낮아 보였다. 주택 소유자들이 대출금을 연체한다고 해도 집을 매입했을 때보다 더 비싸게 팔아서 대출금을 상환할 수 있었다. 노숙자 투자자가 채무를 이행하지 않는다 한들 그게 대수였을까? 집은 대출금보다 더 가치가 있었다.

◆ 다운페이먼트: 주택 구입 대금 중 은행 모기지 대출을 제외한 현금.

그러다 2005년 연방준비제도가 금리를 올리기 시작했다. 시장은 급속히 허물어졌다. 미국 전역에서 주택 압류가 급증했다. 1,000만 명의 사람들이 집을 잃었다고 보면 될 것이다. 주택 시장이 대대적으로 파괴되어 주요한 금융 기관들이 휘청거렸다. 메릴린치Merrill Lynch가 강제 매각 되었고, 뒤이어 투자회사인 리먼브라더스Lehman Brothers와 베어스턴스Bear Stearns가 파산했다. 세계 최대 민간 보험사인 AIG, 그리고 시티뱅크가 미국 정부에 인수되었다. S&P500 지수는 58%나 하락했다. 2008년 금융 위기에 이어 대공황 이래 최악의 경제 침체인 '대침체Great Recession'가 시작되었다.

좋은 거품과 나쁜 거품

모든 산업에서는 어떤 이유에서든 시장 참가자들이 늘어날 때 구조조정이 일어난다. 1980년대 초 PC 붐과 20세기 초 자동차 생산 붐이 있었듯 유망한 기술이 출현할 때가 특히 그렇다. 혹은 1950년대를 기억하는 사람이라면 잘 아는 홀라후프 열풍처럼 새로운 유행이 시작될 때에도 변화는 일어난다. 보통의 경제에서는 기업들이 실패를 겪는다. 그래도 역경에서 교훈을 얻는 법이다. 이를 통해 효율적으로 더 나은 성과를 내는 기업들이 시장에서 생존하기 마련이다. 이렇게 지식이 습득되고 산업이 (그리고 사회가) 발전한다.

하지만 인플레이션이 형성한 거품은 다른 문제다. 자본이 잘못된 방향으로 유입되어 왜곡된 현상이 발생하는 것이다. 그래서 개인들과 기업들은 집값이 계속 오른다고 확신했던 2000년대 초의 주택 구매자들처럼 왜곡된 가격 신호를 바탕으로 의사결정을 내린다. 이에 인플레이션 시기의 가격 신호를 잘못 받아들인 사람들은 오로지 재산을 지킬 목적으로 비생산적인 투자에 쉽게 빠져들기도 한다. 그래서 돈이 금괴 같은 경질 자산으로 모이는 경향이 있다. 사람들은 급격히 축소되는 자산을 필사적으로 지키기 위해 당장 구할 수 있는 원자재나 유형 자산에 투자한다.

고전적 사례를 소개하면, 구 소비에트 연방과 동유럽에서는 빈곤한 사람들이 벽돌을 비축했다. 그런 자산은 변질하지 않으며 미래 어느 시점에 사용될 수 있었다. 돈이 팽창하는 가운데 저축한 돈은 지킬 수 없었다. 이와 관련하여 경제학자 스티브 한케는 사람들이 은행에 돈을 예금하지 않고 '벽돌 계좌를 가졌다'라고 설명했다.

세금도 팽창한다

마찬가지로 화폐 착각으로 인해 과세 제도가 변질된다. 1970년대 중산층은 어느 날 자신들이 높은 과세 등급으로 떠밀렸다는 사실을 알게 되었다. 조세 제도는 통화 안정을 목적으로 설계되었다. 1980년대에 이르러 도입되었던 자동적인 '인플레이션 조정'은 없었다. 임금은 실제로 인상되지 않았다. 급여가 '증가한' 것은 달러가 부풀려진 탓이었다.

엉클 샘은 상관하지 않았고, 일반 시민들만 부자들을 위한 세금으로 된서리를 맞았다. 중위 소득의 2배를 버는 4인 가족은 1965년, 25%의 한계 세율이 적용되었다. 이 비율은 1980년에 43%까지 상승했다. 이런 현상을 일컬어 '브래킷 크리프bracket creep'◆라고 한다.

기업과 투자자들도 마찬가지로 '자본 이득capital gains'◆◆에 세금을 부과받았다. 이때의 자본 이득은 실제로는 전혀 이익이 아니었으며, 인플레이션으로 인한 환상에 불과했는데 말이다. 1970년대에 자본 이득에 대한 실질 세금은 인플레이션을 고려했을 때 100%를 초과하기도 했다. 시민들과 기업들은 소유 자산의 실제 가치가 사실상 하락했는데도 자본 이득세 폭탄을 떠안았다.

한 추정치에 따르면, 1970년에 S&P500 지수 추종 펀드를 매입했다가 1988년 매도했다고 가정했을 때의 결과는 놀라운 수준이다. 해당 투자에 대한 사실상의 실질 자본이득세율은 그 기

◆ 브래킷 크리프: 물가가 상승해 명목 소득이 늘어날 때 실질 소득과 상관없이 높은 세율이 적용되는 현상.
◆◆ 자본 이득: 토지·공사채·주식 등의 자본적 자산의 거래에서 매입 가격과 매각 가격의 차이로 인해 생기는 차익.

간의 인플레이션으로 인해 338%에 이르렀다.

1970년대 인플레이션으로 인해 공장 설비와 같은 자산의 가치가 절하되었으며, 그에 따라 세금 혜택이 줄어든 탓에 기존의 벤처 업체들이 타격을 입었다. 인플레이션 이전의 구매 가격이 더 낮았기에 이를 바탕으로 한 세액공제는 실질적으로 세금 부담을 증가시켰다.

그 기간에 미국에서 거의 모든 유형의 조세 피난처가 급격히 늘어난 것은 별로 놀랄 일이 아니다. 인플레이션으로부터 세금 인상을 피하고 자산을 보호하려 한 납세자들은 진달래 재배나 아몬드 생산부터 밍크 사육장, 송어 양식장에 이르기까지 온갖 대상에 투자했다. 또한 영화 제작 붐이 일었고, 텅 빈 사무실이 늘어났다. 이 모든 것은 실제 사업을 할 목적이 아니라, 세금을 회피하기 위한 행위에 불과했다. 그 모든 저예산 영화가 1970년대에 제작된 이유가 궁금하지 않았는가? 이처럼 모든 투자가 수상쩍은 조세 피난처에서 허비되었기에 경제가 침체한 것은 당연한 일이다.

인플레이션은 어디로 향하는가: 스태그플레이션

시장이 새로운 벤처보다 '기존 기업들'을 선호하기에 성장을 일으키는 혁신이 아니라 비생산적 또는 방어적인 투자로 자본이

흘러 들어간다(정부가 비대해지게 만드는 것은 말할 것도 없다). 결국에 인플레이션이 서서히 경제를 질식시킨다.

스타트업 투자 감소, 버려진 집들

1970년대 당시 살인적인 자본 이득세 및 그 외 추가로 부과된 세금 때문에 벤처 투자 시장이 완전히 파괴되었다. 기업공개IPO 는 1969년에서 1972년 사이에 거의 20억 달러 규모까지 커졌다가 1975년에서 1978년 사이에 2억 2,500달러라는 미미한 수준으로 떨어졌다.

극심한 인플레이션을 겪던 국가들은 상황이 더욱 심각해졌다. 순조롭게 출발한 소수의 벤처 업체들 대부분이 결국 중간에 포기했다. 베네수엘라와 페루 등 만성적인 인플레이션에 시달리는 국가에서 짓다 만 집과 사무실이 많이 보이는 것도 다 그런 이유 때문이다.

페루에서는 주택을 짓던 사람들이 돈이 다 떨어져 공사를 중단할 수밖에 없었다. 1990년대 말 페루 정부는 재산세 납부를 면제하여 사람들이 공사를 마무리하도록 도왔다. 무슨 일이 일어났을까? 상당수의 사람이 재산세 면제를 받을 수 있는, 다 지어지지도 않은 집에서 사는 길을 택했다.

베네수엘라도 사정이 다르지 않았다. 인플레이션의 아이콘으로 45층의 초고층 건물인 다비드 타워Torre de David가 주목할 만한 사례다. 헬리포트를 갖춘 마천루인 이 건물은 베네수엘라 수도 카라카스를 대표할 수도 있었으나, 1994년 공사가 중단되었다. 이 건물에는 엘리베이터도 없었는데 수년 동안 1,000세대가량의 빈민들이 불법 점거했다. 다비드 타워는 세계에서 가장 높은 빈민가로 전 세계적으로 악명을 떨쳤으며 TV 프로그램과 다큐멘터리로 소개되었다. 결국에 불법 거주자들은 퇴거당했지만, 건물은 지금까지도 비어 있다.

낮은 수준의 인플레이션: 점진적 스태그플레이션

지난 수십 년 동안 미국이 겪은 낮은 수준의 인플레이션은 이와 같은 극단적인 유형의 붕괴로 이어지지는 않았다. 하지만 그로 인해 경제 성장이 서서히 둔화하였는데, 그래서인지 사람들이 종종 "부자 되기는 글렀구나."라며 불평하는 모습을 볼 수 있다.

1950년에서 1970년까지 금 본위제가 시행되었던 시기에 1인당 실질 GDP가 연간 2.77% 증가했다. 그렇지만 지난 50년간 법정 달러fiat dollar의 가치가 서서히 하락해서 GDP 성장률은 1.71%까지 대폭 감소했다.

인플레이션이 없었다면 어땠을까?

답은 간단하다. 사람들은 훨씬 더 많은 부를 쌓았을 것이다.

미국이 오늘날 1950년대 및 1960년대와 같은 성장률을 보였다면, 1인당 소득이 72%나 더 늘어났을 것이다. 미국인들은 지금보다 더 높은 소비력을 가지고 급여를 받았을 것이며, 경제 규모 또한 50% 이상 확대되었을 것이다. 그뿐만 아니라 혼란이 닥치고 과세 제도가 왜곡된 자본 시장으로 인해 투자가 엉뚱한 방향으로 진행되지도 않고, 보다 가치가 높은 기회로 향했을 것이다. 그렇게 되면 미국인들은 10조 달러 이상의 상품과 서비스를 생산할 수도 있었다.

통화 시장에 인플레이션이 없다면, 과세 기준이 확대되어 정부를 위한 돈이 더 많이 창출되며 세율을 인상할 필요성이 줄어든다. 그러면 의회는 통화가 안정적이었던 1950년대와 1960년대에 여러 번 그랬던 것처럼, 또 1990년대 말 다시 잠깐 그랬던 것처럼 예산의 균형을 맞출 수 있을 것이다.

미국 정부에 따르면, 보통의 미국인들은 1970년대와 비교해 2배 이상 많은 부를 축적했다. 그런데 이렇게 늘어난 부는 성능 좋은 자동차와 스마트폰 등 기술이 발전하여 생활 수준이 향상되었고 맞벌이 가족이 확산한 현실을 어느 정도 반영한다. 만약 지금 1950년대와 1960년대의 성장률을 기록했다면, 보통의 미국인들은 부자 되기가 얼마나 어려운지, 혹은 외벌이로 먹고사는 일이 얼마나 힘든지 불평하지 않을 것이다.

정부 규제 확대는 곧 자유의 축소

인플레이션이 닥치면 머지않아 정부의 통제가 확대된다. 이는 지극히 일반적인 흐름인데, 먼저 중앙은행이 통화의 가치를 평가 절하하면 물가가 치솟는다. 이어서 정부는 지출을 감소시켜 인플레이션을 완화할 방법을 모색한다. 정부는 또한 물가 통제, 자본 통제, 세율 인상 등의 조치로 인플레이션에 대처한다. 시간이 흐를수록 정부의 규모는 더 커지며 대개 통제를 강화한다. 사람들은 자유를 잃고, 상황은 점점 심각해진다.

고대 로마에서 디오클레티아누스Diocletian 황제는 절정에 달한 인플레이션을 막고자 900개의 상품과 130개 등급의 노동, 다수의 화물 운임까지 거의 모든 품목에 대한 가격 통제를 시행했다. 황제의 칙령을 어긴 사람들은 사형에 처해졌다.

1970년대 리처드 닉슨은 임금과 가격을 통제함으로써 인플레이션에 대응했다. 지금의 미국은 과거의 인플레이션과 함께 그처럼 통제되는 상황을 아직 겪지 못했다. 그럼에도 연방준비제도의 통화 공급 확장 정책으로 인플레이션이 유발될 때, 어느 때보다 사기업 및 시민들의 삶에 통제가 강화되는 것은 물론 정부 관료제의 규모가 더 커지고 비대해진다.

규제 국가의 대두
맨해튼 정책연구소의 제임스 코플랜드James Copland가 언급한 바에 따르면, 1970년대 말부터 20만 개가 넘는 새로운 규정이 연방 관보에 실렸다. 코플랜드는 또한 이렇게 밝혔다. "30만 건이 넘는 연방 범죄 federal crime가 기록되었으나 그중 98%는 의회의 승인 과정을 전혀 거치지 않았다." 이는 주 정부들이 아니라 오로지 연방정부에 해당하는 얘기였다.

팬데믹 시기에 미국 질병통제예방센터 CDC가 임대료를 체납한 임차인을 집주인이 퇴거시키지 못하게끔 명령했을 때, 그처럼 방대해진 관료주의가 기본권을 침해할 가능성이 드러났다. CDC의 '강제퇴거 금지조치'는 관련성을 따져보더라도 질병이나 공중보건과는 거의 관계가 없었다. 이렇게 과도한 권한을 부여하는 행위에 관한 대법원 판결이 추후에 번복되었다. 비선출직 보건 관료 조직이 의회가 보통 승인하는 '법안'을 내놓은 것에 수많은 사람이 의문을 제기했다.

이렇게 정부가 팽창해 권력이 확대된 상황은 2021년 미국 국세청에 상당한 권한을 부여하려는 진지한 움직임으로 이어졌다. 개인 은행 계좌 조회 권한에 대한 요구도 그런 움직임에 포함되었는데, 이는 사생활과 헌법상의 권리를 침해했다.

저명한 작가이자 과학기술 분야 전문가인 조지 길더 George Gilder는 연방준비제도의 '돈의 스캔들(제로 금리 대출을 통한 돈 만들기)'로 인해 성장하는 벤처에서 돈이 빠져나와 사회복지에 관련된 관료 조직으로 향하면서 자본주의가 위협받는다고 경고한다. 수백만 명의 미국인들은 예금과 퇴직금 계좌가 인플레이션에 잠식되어 사회보장, 장애, 노인의료보험에 관한 정부 정책에 '극도로 의존하도록' 압박받고 있다. 길더에 따르면, 기업활동과 경제 지위 상승에 기반한 사회로 향하기는커녕 연방준비제도의 '돈의 스캔들'로 정부에 대한 의존성이 커지면서 아메리칸 드림이 무색해지고 있다.

신뢰가 흔들리다

그런데 인플레이션이 미치는 가장 해로운 영향은 사회 행동이 저하되는 현상이다. 통화는 결국 측정 도구 이상의 기능을 한다. 통화가 상호 합의된 안정된 가치의 단위로 기능하기 때문에 판매자와 구매자, 채권자와 채무자 사이에 신뢰가 형성된다. 또한 약속이 이행될 것이라는 기대가 바탕이 되어 사람들이 시장경제에서 서로 협력하게 된다. 즉, 내가 당신에게 빌리는 돈은 10년 후 내가 상환하는 돈과 가치가 다르지 않을 것이라는 말 그대로다. 남에게 대접받고자 하는 대로 남을 대접하라는 황금률과 같이 안정된 통화는 시장의 활동을 촉진한다.

하지만 돈이 더 이상 신뢰할 만한 가치 척도로 기능하지 않을 때, 그 약속은 지켜지지 않는다. 이어서 시장 행동 및 사람들 사이의 관계가 왜곡되고 비뚤어진다. 합의도 무효화된다. 채권자들은 큰 손해를 보는 반면에, 채무자들은 뜻밖의 횡재를 한다. 연금

수급자들은 매달 수급액이 충분치 않다는 걸 알게 되며 시민들은 세금을 부당하게 많이 낸다.

무엇보다 가장 나쁜 점은, 그 모든 일이 왜 일어나는지 아무도 모른다는 점이다. 왜 가격이 오르고 있는지 혹은 왜 우리의 돈이 이전만큼의 값어치를 하지 못하는지 우리는 알지 못한다. 한편으로 일부 사람들이 부당하게 뜻밖의 이익을 얻는 모습도 보인다. 그런 사람들은 정직하게 노동해서 부자가 되지 않았다. 왜곡된 자본 시장과 정부 연고주의에 힘입어 부를 쌓았다. 이렇게 인플레이션으로 인해 불공정은 물론이고 공정에 대한 불신마저 조장된다. 그래서 케인스 스스로도 다음과 같이 인정했다. "통화를 타락시키는 것보다 기존의 사회기반을 뒤집는 더 교묘하고도 확실한 수단은 없다."

모든 수준의 인플레이션 환경에서 사회적 신뢰가 훼손된다. 주변에서 드러난 불공정과 불평등에 분노한 사람들은 희생양을 찾아 나선다.

3세기에 로마인들은 스스로 은화 데나리우스의 가치를 무자비하게 저하시켜 인플레이션을 초래해 놓고 기독교인들에게 그 책임을 돌렸다. 16세기와 17세기에 영국에서 벌어진 마녀재판, 프랑스 혁명 당시 17,000명이 처형당했던 공포 정치 등 이 사례는 통화의 혼란기에 일어난 일이라는 점에서 맥을 같이 한다.

또한 금융이나 금융에 관계된 사람들이 종종 악마로 묘사된다. 바이마르 공화국이 하이퍼인플레이션을 겪던 당시, 독일인들은 유대인 금융업자들을 비난했다. 닉슨은 미국 달러 가치가 폭락한 원인을 투기꾼들에게 돌렸다. 그러다 몇 년 후 그는 아랍 국가들과 '성장의 한계limits to growth'를 비난하고 있었다.

금융 위기의 여파로 연방준비제도가 실시한 대규모의 통화 자극(양적 완화를 통한 통화 공급 확대)은 부자들과 경제 상위 1%에 항의하는 '월가를 점거하라Occupy Wall Street' 시위를 촉발하는 계기가 되었다. 이는 다양한 형태로 지금까지 이어지고 있다.

작고한 불가리아의 노벨문학상 수상 작가로 독일의 통화 붕괴에 뒤따른 사회적 불안감에 관해 글을 쓴 엘리아스 카네티Elias Ganetti는 인플레이션에 대한 특징적 반응을 흥미롭게 풀어냈다. 자신들의 부가 평가 절하되어 굴욕감에 빠진 군중은 타인을 평가 절하하는 방법으로 앙갚음을 한다. 카네티는 이렇게 표현했다. "돈의 가치가 인플레이션 기간 동안 점차 떨어졌듯이, 무언가를 가치가 점점 떨어지도록 취급해야 한다."

사회의 질적 저하

인플레이션이 끝날 조짐 없이 계속되고 극도로 심해질 때 그야말로 악순환이 일어난다. 경제는 악화되고, 세금 수입의 실제 가치가 감소하며, 인플레이션으로 인해 더 가난해진 사람들은 실질적으로 지출을 덜 하게 된다. 하이퍼인플레이션 시기에 정부의 정당성은 무너진다. 인상된 세금에 분노한 시민들은 납세에 대한 도덕적 의무감을 느끼지 않는다. 탈세도 급증한다. 이 모든 문제로 인해 정부 재정에 대한 압박이 늘어나 결국 돈을 더 많이 찍어내게 된다.

이런 도덕적 해이에 더해 끝없는 붕괴가 일어난다. 아르헨티나에서는 지속하는 혼란과 소동에 대처하는 것이 일상에서 흔한 일이다. 한 시민은 매년 임금 계약에 몇 차례 인상분이 포함되는 경우도 있다고 밝혔다. 노조의 파업도 끊이지 않는다.

돈을 엄청나게 많이 벌기란 애초에 그른 일로 보인다. 상점들 사이사이에서 물건의 가격을 비교하느라 분주한 모습부터 좀처럼 지갑을 열지 않는 분위기, 공과금을 납부하거나 보조금을 받으려고 은행 앞에 늘어선 사람들 등 아르헨티나의 매일은 전쟁이다. 사람들은 위축되어 있으며 살려고 발버둥을 치고, '아르헨티나 드림'은 없다는 진실에 스스로 체념한다.

이 주민의 이야기가 암시하듯이, 1인당 정신과 의사 비율이 세계에서 가장 높은 국가가 아르헨티나라는 사실은 결코 우연이 아니다. 부패도 만연해 있다. 과두 정치인들과 관료들이 너무 많은 권력을 손에 쥐고 있어서 사업을 할 때 뇌물과 리베이트는 거래의 일부로 여겨질 정도다.

도덕의 타락

인플레이션은 노력과 보상의 연결고리를 끊는다. 애덤 퍼거슨은 바이마르 공화국에서 일어난 일을 다음과 같이 밝혔다. "검약, 정직, 노력이라는 오래된 미덕이 매력을 잃고 모든 사람이 빨리 부자가 되려고 기를 쓴다. 통화나 주식에 대한 투기가 노동보다 훨씬 더 큰 보상을 가져다주는 게 분명하기 때문이다." 제1차 세계 대전 이전에는 뇌물에 대한 이야기가 거의 들리지 않았다. 그런데 1924년, 독일의 상황은 다음과 같았다.

> 자본이나 수입에 대한 끊임없는 침식, 또 미래에 대한 불확실성으로 인해 영혼을 파괴하는 영향력이 널리 퍼졌고 이에 감염되지 않았거나 희생양이 되지 않은 사회계층은 거의 없었다. 탈세, 식품 사재기부터 통화 투기, 혹은 불법 환거래가 판쳤다(국가에 대한 모든 범죄는 크든 작든 어느 정도 개인에게 생존의 문제였다). 그것은 십계명 중 어느 하나를 위반하는 짧은 단계였다.

인플레이션이 절정에 달한 국가에서는 범죄가 급증한다. 만성적인 인플레이션에 시달리는 브라질은 오래전부터 횡행하는 범죄와 경찰의 불법 행위로 몸살을 앓았다. 연간 물가 상승률이 60,000%까지 치솟은 하이퍼인플레이션 국가 베네수엘라는 남미에서 가장 높은 범죄율을 기록했다.

여러 연구 결과에 따르면, 인플레이션은 실업률보다 범죄와 더 밀접한 관계가 있다. 이와 관련하여 미주리 대학 범죄학 및 형사사법학 교수 리처드 로젠펠드Richard Rosenfeld는 "인플레이션과 범죄가 연결되는 핵심 메커니즘은 도난품의 가격이다."라고 언급했다. 그는 이렇게 설명한다. "물가 상승은 값싼 장물을 더욱 매력적으로 만들고 암시장에 장물을 공급하는 사람들의 동기를 강화한다. 인플레이션이 낮을 때 반대 현상이 일어난다."

우리는 로마제국과 같은 운명일까?

극심한 인플레이션에 대한 최악의 시나리오를 따질 때 흔히 로마제국의 멸망, 제1차 세계 대전 이후 바이마르 독일의 대혼란을 사례로 떠올린다. 그런데 상당히 간과된 점은 통화의 평가 절하가 매번 주요한 사회적 대격변의 원인이 되었다는 사실이다.

예를 들어, 급격한 인플레이션으로 인해 베네수엘라와 아르헨티나뿐만 아니라 중동 전 지역 국가에서 긴장이 고조되었다. 아랍의 봄◆을 촉발한 2010년의 튀니지 거리 집회는 주로 식료품 가격 폭등이 원인이 되었다. 이후 이 불안은 2008년 소비자 물가

◆ 아랍의 봄: 2010년 말 튀니지에서 시작되어 아랍 중동 국가 및 북아프리카로 확산된 반정부 시위를 이른다.

지수가 18%까지 치솟았던 이집트로 번져나갔다. 그러다 무바라크 대통령 정권이 축출되었으며, 나중에 그의 후임자였던 무르시 대통령도 실각했다. 2008년 공식 물가 상승률이 25%까지 급증했던 이란에서도 불안이 증가했다. 물가 상승률은 그 이후로 훨씬 더 높아졌다.

1989년 러시아에서 하이퍼인플레이션이 시작되었을 때는 1달러당 4루블 정도 하던 물건이 암시장에서 거의 5,000루블까지 폭등했다. 이후 1991년 소비에트 연방이 해체되었으며, 체첸에서 내전이 터졌다. 인도네시아는 1997년 통화가 폭락한 후 연간 40%의 물가 상승에 시달리던 중 동티모르가 분리독립을 결정했다. 1980년대에는 유고슬라비아가 하이퍼인플레이션을 겪다가 6개국, 즉 세르비아, 크로아티아, 슬로베니아, 몬테네그로, 보스니아, 북마케도니아로 분리되었다.

독재자들의 부상

사회가 이런 유형의 불안에 빠질 때 무슨 일이 일어날까? 사람들은 권력자와 독재자에게 의존하기 시작한다. 1790년대에 혁명을 겪던 프랑스에 하이퍼인플레이션이 덮쳤으며, 결국 통화를 금에 연결하여 안정화한 나폴레옹이 등장했다. 21세기 초 제1차 세계 대전 이후 유럽 전역을 강타한 인플레이션은 히틀러는 물론 양 대전 사이에 다른 독재자들이 등장하는 계기가 되었다. 이탈리아의 무솔리니Mussolini, 스페인의 프란시스코 프랑코Francisco

Franco, 헝가리의 미클로시 호르티 Miklos Horthy, 러시아의 스탈린 Stalin 이 대표적이다.

아직 아무도 우려하지 않는 위험

코로나19 팬데믹 이전, 사망하기 바로 직전 인터뷰에서 솔직한 의견을 내놓았던 연방준비제도 이사회 의장 폴 볼커 Paul Volcker 는 2%의 인플레이션을 목표로 한 통화 정책의 위험을 경고했다. "일단 2%를 목표로 시작하면 사람들이 '자, 어쩌면 3%까지 가게해서 경제에 좀 더 활력을 불어넣을 수 있을지 모르겠네요'라고 말하는 것을 듣게 된다. 글쎄, 그게 통하지 않으면, 우리는 4%까지 가게 될 것이다." 이런 이유로 그는 "인플레이션은 한번 시작되면 스스로를 키운다."라고 말했다.

볼커의 예측은 2021년 말 적중했다. 인플레이션은 6%를 넘어갔다. 미국은 바이마르 독일도 아니고 아르헨티나나 베네수엘라와 사정이 같지도 않다. 하지만 지난 20년간 낮은 수준의 인플레이션이 지속적으로 악영향을 미치고 있었다. 그로 인해 달러의 구매력이 38%나 침식된 것은 물론 인플레이션으로 인한 주택 거품이 세계 금융 위기로 붕괴했다. 게다가 대공황 이래 최악의 침체가 이어졌으며 수십 년간 보지 못했던 폭력적인 사회 불안이 야기되었다.

여러 연구 결과에 따르면, 비교적 통화가 안정되었던 시대인 1990년대 이후 미국의 정치 기관에 대한 신뢰가 바닥으로 떨어졌다. 정치는 사람들이 기억하는 그 어느 때보다도 더욱 양극화되었다. 미국뿐만 아니라 전 세계 국가에서 과격한 거리 시위가 발생했다. 급진적인 활동들로 인해 사회적 규범이 무시되고 헌법과 헌법 제정자들을 비롯한 미국의 민주적 자본주의 체제를 대표하는 기본 가치와 상징들이 훼손되고 있었다. 정부는 갈수록 비대해지고 더욱 억압적으로 바뀌었다. 정치인들의 수사적 표현은 더욱 어둡고 비관적인 분위기를 풍겼다.

그간의 사건들이 발생하기까지 소셜 미디어의 유행과 코로나19 팬데믹이 그 원인으로 작용했다. 그런데도 공개 토론에서 자주 보이는 악마화와 희생양 만들기는 인플레이션으로 인해 나라가 불안감에 사로잡혔다는 점을 갈수록 잘 보여주고 있다. 바이든 행정부가 가격 상승과 '폭리'에 대한 책임을 육류 가공업체들과 여러 업종으로 돌린 사실이 한 예다.

인플레이션으로 인해 사회가 후퇴한 현상은 미국 내부의 문제에 그치지 않는다. 국력의 근원인 기업가적 역동성을 약화함으로써 인플레이션은 국가의 안보를 위협한다. 우리가 확인했듯이, 1970년대에 발생한 인플레이션은 국가 경제를 약화시켰고 정치적 의지를 무너뜨렸다. 미국은 동남아시아에서 철수하며 남베트남을 포기했다. 쿠바의 소비에트식 공산주의가 중앙아메리카를 장악할 태세였다. 니카라과가 하바나 및 모스크바와 동맹을 맺었다. 더불어 미국이 쇠퇴하고 있다는 인식이 있었다. 미국의 군대는 방치되어 해군 함정들은 황폐해졌다. 이렇게 국력이 약화하자 적들이 대담해졌다. 러시아가 1979년 12월 거침없이 아프가니스탄으로 진격했다. 미국은 이란에 인질로 잡힌 외교관들을 구해낼 수 없었다.

그래도 1980년대 초반 운 좋게도 스태그플레이션이 소멸되었다. 로널드 레이건 정권의 집권기에 경제 대국 재건에 성공했다. 다음 순서에서 살펴보겠지만, 레이건은 고질적인 인플레이션과 싸워 이긴 몇 안 되는 지도자 중 한 사람이었다.

"인플레이션은
한번 시작되면 스스로를 키운다."

– 폴 볼커

4장

불안감을
종식하는 법

How to
End
the
Malaise

국가는 인플레이션을 어떻게 통제할까? 답은 매우 나쁜 방식으로 통제한다는 것이다. 정부와 중앙은행이 돈의 원리를 오해하여 빈번히 통화를 평가 절하한다면, 그들은 인플레이션이라는 지니를 호리병에 다시 넣을 준비가 제대로 되지 않은 것이다. 역사를 통틀어 통화 위기를 종식하려는 시도가 항상 있었지만, 매번 실패로 돌아갔고 그로 인해 오히려 사태가 악화한 이유다.

왜 그럴까? 정책 입안자들이 대개 통화 가치가 손실된 이유를 정확히 파악하지 못하거나 그럴 의지가 없기 때문이다. 오히려 그들은 시장에 원인을 돌린다. 사람들이 돈을 물 쓰듯이 한다! 기업들이 바가지를 씌우고 있다! 경제가 과열되고 있다! 뭔가 해야 한다!

그 무언가는 흔히 기업들이 가격을 내리도록 압박하거나 사람들이 지출을 줄이도록 만드는 일을 의미한다. 이러한 전략은 전혀 먹히지 않는다. 다음과 같은 역사적 사례들이 그 증거다.

아르헨티나: 자본 통제 정책 실패

많은 국가들이 소위 '자본 통제capital control'를 실시해 자본에 대한 수요를 인위적으로 늘려 추락하는 통화를 부양하려고 한다. 아르헨티나는 페소의 추락을 막기 위해 기업의 달러 거래를 주기적으로 제한했다. 또한 신용카드 사용도 제한했다. 이와 같은 통제로 인해 주로 달러로 진행되는 아르헨티나의 대외 무역이 약화되었다. 외환 통제는 잠시 해제되었다가 재개되었다. 아르헨티나의 물가 상승률(50%에 도달한 바 있다)은 2021년 잠시 하락했다가 또다시 솟구쳤다. 아르헨티나 페소 가치는 2017년 달러당 1페소에서 달러당 107페소로 폭락했다.

튀르키예: '먹거리 테러리스트'에 대한 철퇴

독재 정권의 주무기인 협박과 망신 주기를 수반한 물가 통제도 자주 사용되는 조치다. 독재자라는 평가를 받는 튀르키예의 대통령 레제프 타이이프 에르도안Recep Tayyip Erdogan은 튀르키예 리라화의 가치가 하락해 식료품 가격이 인상된 사실을 두고 해외의 '먹거리 테러리스트들'이 국제 투기꾼들과 규합했다며 비난했다. 에르도안은 소비자들을 괴롭히는 식료품 업체를 신고하라고 시민들에게 요구했는가 하면, 식료품 가게와 창고를 대상으로 가격 점검을 하라고 지시했다. 정부는 또한 가격 경쟁력을 제공하고자 가게를 열어서 시중가보다 낮은 가격으로 식료품과 물품을 판매했다. 그러나 이런 노력은 튀르키예의 치솟는 인플레이션에 실질적인 효과가 전혀 없었다. 식료품 가격은 연간 25% 이상 계속 상승했다.

베네수엘라: 끊임없는 화폐 찍어내기

세계에서 인플레이션 수치가 가장 높은 베네수엘라는 옥수숫가루부터 자동차 부품, 어린이 장난감에 이르기까지 모든 품목에 대해 가격 상한제를 시행했다. 정부는 중앙은행의 데이터로 무장한 소규모의 가격 조사관 팀을 파견하여 폭리로 의심되는 사례를 추적했다. 하지만 국가 경제가 더 나빠진 후에야 가격 통제가 결국 완화되었다. 한편으로, 정부는 1년 만에 60배가 오를 정도로 치솟는 노동자의 임금을 충당하기 위해 계속해서 화폐를 찍어냈다.

닉슨 쇼크: 가격 폭등

가격 통제는 또한 미국의 제37대 대통령의 대표 정책이었다. 리처드 닉슨은 1971년 완만한 인플레이션에 직면한 가운데 90일 동안 임금과 물가를 동결하는 조치를 내렸다(미국 역사상 유일하게 평화로운 시기에 실시된 임금-가격 동결이었다). 그는 이후 지급국과 가격위원회를 구성해 임금과 가격의 인상을 승인받도록 했다. 연방준비제도의 통화 확장 정책에 더해 가격을 통제함으로써 최소한의 인플레이션과 함께 고용을 확대할 수 있다고 닉슨은 이해했다. 그는 재선에 성공했으나 이후 상승하던 물가를 잡으려 실시한 경제 조치가 전반적인 실패로 돌아갔다. 달러와 금의 연결을 끊은 이후 외환 시장에서 달러의 가치가 폭락했으며, 소비자물가지수가 하늘 높은 줄 모르고 치솟았다.

이후 4년 동안 연간 물가 상승률이 두 자릿수에 도달했다. 닉슨은 어쩔 수 없이 사임했다. 그의 후임자인 제럴드 포드Gerald Ford는 '당장 인플레이션을 몰아내자! Whip Inflation Now!'를 의미하는 빨간색 WIN 배지를 나눠주는 캠페인으로 치솟는 석유 가격을 잡고자 했다(131페이지 참고). 이 캠페인을 통해 시민들에게 권장된 조치에 카풀, 실내 온도 낮추기, 텃밭 가꾸기 등의 활동이 포함되었다.

그러다 높은 실업률이 동반된 극도의 경기 침체로 인플레이션이 일시적으로 줄어들었다. 그렇지만 WIN 캠페인은 이후 재개된 달러 가치의 하락세를 막는 데 별로 도움이 되지 않았다. 결국 WIN 배지는 정부의 무능한 인플레이션 대응책이라는 상징으로 역사 속으로 사라져 수집가들이 경매사이트에서 찾는 진귀한 품목이 되었다.

제럴드 포드의 후임자인 지미 카터Jimmy Carter는 외국산 석유 수입을 줄여 석유 가격 상승세와 인플레이션을 잡으려 했지만,

1974년 대통령 선거 당시 유명세를 탔던 'WIN' 배지,
제럴드 포드 대통령의 선거 구호
'당장 인플레이션을 몰아내자'의 상징이다.

당시 '카터 가스 라인'으로 불린 석유 구매를 위해 길게 늘어선 자동차 행렬만 길어지는 결과를 낳았다. 에너지 절약을 상징하려고 카디건 스웨터를 입고 국민과의 대화에 나섰던 카터는 온도조절장치의 온도를 낮춰달라고 시민들에게 호소했다. 하지만 임기 말까지 거의 15%까지 도달한 물가 상승률을 잡기에 그의 요청은 별로 효과가 없었다.

긴축 정책에 대한 잘못된 믿음

인플레이션을 억제하는 또 하나의 전략으로 '긴축 정책'이 있다. 긴축 정책이란 대폭적인 세금 인상, 초고금리, 정부 지출 삭감, 중요하게는 통화 가치의 평가 절하 강화 등 여러 조치가 결합된 경제 정책을 말한다. 이와 같은 소위 구제책은 대공황에 대한 잘못된 평가에 기반하고 있었다. 그 당시에(그리고 오늘날에도 너무 흔하지만) 케인스학파는 인플레이션을 주로 비화폐적 현상으로 바라보았다. 그들은 경기 호황 속에서 상품과 서비스에 대한 수요가 너무 높아서 인플레이션이 발생한다고 주장했다. 달리 말해, 호황을 인플레이션의 원인으로 보았다. 그들의 관점에서 디플레이션은 경기 침체에서 비롯한 것이었다. 인플레이션의 고비를 넘기기 위한 '침체'를 유발하여 인플레이션에 따른 물가 상승을 억제하는 것이 긴축 조치의 취지다.

이런 엄격한 경제 조치를 두고 머리를 긁적이게 하는 일이 또 있다. 케인스주의 옹호자들은 세금을 대폭 인상하면 표면적으로 정부가 예산의 균형을 맞추고 더는 돈을 찍어낼 필요가 없어 좋은 일이라고 주장한다. 그리고 그들은 '소비자 수요를 억제하여' 물가 압박을 완화할 것이다.

금리가 15% 또는 그보다 높은 수준에 이를 수 있는 초고금리 정책도 마찬가지로 현실성이 없어 보였다. 아마도 그처럼 절실히 필요하다고 생각한 경기 침체를 유발하려고 시행한 조치였을 것이다. 고금리 정책은 미국 내 고수익 증권에 대한 투자를 끌어내는 것도 목적이었다. 긴축 정책 옹호자들의 주장에 따르면, 투자자들이 미국 국채를 매입하기 위해 달러를 이용할 것이기 때문에 금리를 인상하면 통화에 대한 수요가 늘어나고 따라서 통화의 가치가 올라간다. 어쨌든 이는 주장에 불과하다.

긴축 정책은 국제통화기금IMF이 인플레이션을 억제하고자 주로 사용하는 처방이다. IMF는 190개국으로 구성된 국제기구로, 국제 금융 시장의 안정화를 목적 중 하나로 삼고 있다. 극심한 인플레이션에 시달리는 국가들은 흔히 IMF 전문가들에게 의지한다. 하지만 그래서는 안 된다. 전 세계 많은 국가들이 IMF의 조언을 따랐다가 위기가 악화하고 경제 상황이 외려 더 나빠지는 경험을 했다. 그런데도 왜 그토록 많은 국가가 IMF의 그늘에서 벗어나지 못할까? 그렇게 해야 수십억 달러는 아니더라도 수억 달러나 되는 풍부한 구제금융(결국에는 정부 관료들의 개인 계좌로 들어가곤 하는 돈)으로 보상을 받기 때문이다.

IMF가 아시아에 처방한 나쁜 약

IMF가 저지른 과실의 대표적인 사례는 1990년대 후반 아시아 통화 위기에 개입했던 것이다. 그 시기에 달러의 강세로 달러와 연계된 통화들이 가치 하락 압력을 받았다. 트레이더들은 태국의 밧화 및 현지의 다른 통화들을 매도하고 달러를 매수했다.

하지만 IMF는 태국 정부의 재정 적자가 문제라고 주장했다. 또한 미미한 재정 적자를 흑자로 전환하기 위해 세금 인상과 지출 축소가 포함된 긴축 정책을 시행하라고 권유했다. 그러나 그 조치는 재앙이었다. 밧화의 가치는 더 하락했다. 석유 제품에 대한 세금이 증가하자 시민들이 시위를 벌였다. 결국 태국은 관련 정책들을 뒤집었고, 화폐의 가치가 회복되기 시작했다.

러시아 통화 재앙

1980년대 말과 1990년대 초반, 루블화가 붕괴하여 인플레이션이 치솟았을 때 러시아도 마찬가지로 IMF에 조언을 구하는 실수를 저질렀다. 미하일 고르바초프Mikhail Gorbachev 대통령이 '페레스트로이카Perestroika' 정책의 일환으로 서방과 우호적인 관계를 형성함으로써 러시아가 미국 달러로 국제 무역을 확대하기 시작했을 때, 루블화의 수요가 곤두박질쳤다. 한편으로, 러시아의 관료적 공산주의 정부가 감당하기 어려운 재정 적자를 메우기 위해 새로운 루블화 지폐를 발행했다. 이런 일들이 다 원인이 되어 맹렬한 하이퍼인플레이션이 야기되었다.

이에 IMF의 조언자들은 루블화의 공급을 줄여서 하이퍼인플레이션을 늦추라고 러시아에 권고했다. 이후 정부의 화폐개혁에 따라 시민들은 기존의 고액 화폐를 비슷한 액수의 새로운 소액 화폐로 바꿔야 했다. 하지만 뜻밖의 결말이 있었다. 1명당 교환이 가능한 액수가 1,000루블 이하로 제한되었던 것이다. 정부는 궁지에 몰린 시민들의 돈을 효율적으로 빼앗았다. 하지만 근본적인 문제는 공급 그 자체가 아니라, 누구도 루블화를 신뢰하지 않았다는 점에 있다. 러시아는 막대한 양의 자국 통화가 쓸모없다고 선언함으로써 사태를 기하급수적 속도로 악화시켰다. 당시 어느 누가 루블화를 보유하려 했을까? 루블화는 세계 통화 시장에서 붕괴했다. 이어서 러시아의 산업생산과 GDP가 하락했다.

이즈음 고르바초프의 후임자인 보리스 옐친Boris Yeltsin이 러시아의 국유경제 체제를 사유화하는 개혁에 착수했다. 석유를 비롯한 많은 품목의 가격이 자율화되었으며 세금이 더욱 인상되었다. 그러나 진정한 시장 경제로의 이행은 없었다. 하이퍼인플레이션과 비현실적인 세금에 짓밟힌 경제는 산산이 부서졌다.

그리고 부서진 자리에 생겨난 것은 경제 혼란이었다. 루블화는 본질적으로 가치가 사라졌다. 여전히 가동되던 공장들은 돈이 아니라 자체 생산한 제품을 직원들에게 임금으로 지급했다. 이에 노동자들은 휴지가 가득한 상자, 브레이크 패드, 매트리스

등을 받아 암시장에 내다 팔았으며, 그렇게 러시아의 혐오스러운 부가가치세를 회피했다. 러시아의 농업은 안으로 기울어졌다. 노동자들은 직접 재배한 것을 먹었다. 도시 거주자들은 안정된 영양공급을 하기 위해 직접 안마당과 옥상에서 텃밭을 가꾸기 시작했다.

그러자 경제가 황폐화하는 걸 막고자 IMF가 재정 흑자 창출을 목표로 지출을 삭감하고 많은 종류의 세금을 새로이 부과해야 한다며 긴축 조치를 시행하라고 권고했다. 그런데 세금 인상은 루블화에 하락 압력을 가속할 뿐이었다. IMF가 유발한 재앙은 독재자 블라디미르 푸틴Vladimir Putin의 대통령 당선으로 이어졌다.

'치료'가 실패하는 이유

인플레이션을 억제하기 위한 규제와 과세가 실패하는 이유는 위기의 원인(화폐 가치의 하락)을 제대로 찾지 못했기 때문이다. 이 핵심 문제를 해결하지 못하면, 어떻게든 정부와 통화에 대한 신뢰를 훼손하고 사태를 악화시키는 해법이 나온다.

가격 통제의 문제

임금과 가격을 통제하는 정책은 근본적으로 '역 인플레이션'의 원인이 된다. 인위적으로 가격을 낮추게 되고 그에 따른 빈번한 결과로 품귀 현상이 초래된다. 그래서 그런 억제책을 도입했던 러시아와 베네수엘라 등의 국가에서는 1970년대에 주유소 앞에 긴 행렬이 늘어서거나 가게의 선반이 텅텅 비는 상황이 발생했다.

통화 통제로 생겨나는 암시장

가치가 거의 없는 화폐를 시민들이 사용하도록 강요하는 규제책은 화폐의 수요를 늘리고 그 가치를 높이는 데 도움이 된다(적어도 처음에는 그렇다). 말레이시아와 중국은 통화 억제 정책을 시행한 덕분에 아시아 금융 위기를 헤쳐나갈 수 있었다. 하지만 통화 억제 정책은 임시 조치로 효과가 있을 뿐이다. 사람들은 주변에서 방법을 찾기 마련이다. 예컨대, 달러 사용을 금지당한 아르헨티나 사람들은 암시장을 통해 통제를 피했다. 'arbolitos(작은 나무라는 의미)'로 알려진 암시장 환전상들은 수십 년 동안 아르헨티나 국민의 삶 한 부분을 이루었다. 그들은 거리를 지나가는 사람들에게 '환전! 환전!'이라고 외친다. 관광객들이 마음에 드는 환율로 달러를 팔면, 환전상은 인플레이션에 지친 아르헨티나인들에게 그 달러를 되팔았다.

긴축 정책은 무엇이 문제일까?

다른 모든 정책으로 효과를 못 보듯이, 경기 침체를 유발하여 물가를 억제하는 취지의 긴축 정책은 핵심에서 완전히 벗어난 것이다. 인플레이션은 근본적으로 과도한 소비로 인해 물가가 상승하는 현상이 아니기 때문이다. IMF가 아시아와 러시아에 개입한 사례에서 확인했듯이, 엄격한 긴축 조치는 경기 침체를 유발하는 데에는 효과가 있을지도 모른다. 하지만 이것으로는 보통 인플레이션을 잡지 못하며 대개 위기를 증폭시킨다. 세금이 오르면 경제 활동이 위축되며, 초고금리로는 투자자들을 끌어들이지 못하기 때문이다.

이자율이 아무리 높아도 신뢰할 수 없는 통화를 선호하게 만들지는 못한다. 그러기는커녕 무역이 침체된다. 돈에 대한 수요가 바닥을 치고 공급 과잉이 영구화된다. 인플레이션이 계속 맹위를 떨친다.

만약 연방준비제도가 어느 날 갑자기, 하룻밤 사이에 연방기금금리Fed funds rate를 25%로 올리겠다고 발표하면 무슨 일이 일어날지 상상해 보자. 아무도 대출받을 엄두를 내지 못할 것이다. 투자도 갑자기 멈춘다. 주식 시장에서는 순식간에 대참사가 벌어진다. 거의 확실히 달러 가치가 하락할 것이다.

그렇다. 긴축 정책은 침체를 유발한다. 이 전략은 질병을 치료하기 위해 피를 뽑아내던 옛날의 의료행위와 얼핏 비슷하다. 즉, 병은 '치유되지만', 환자는 죽는다.

외환 시장 개입

중앙은행들도 달러나 유로 같은 외환 보유고를 이용해 외환 시장에서 자국 통화를 매입함으로써 통화 가치를 안정시킬 추가 긴축 조치로 정책을 전환할 것이다. 이 대목에서 보면, 중앙은행의 조치가 효과를 보일 것이라고 생각할 법하다. 결국에 중앙은행은 돈의 과잉 공급을 줄이고 있는 게 아닌가? 그러나 이른바 '외환 개입'은 대개 실패한다. 왜 그럴까? 중앙은행이 자국 통화를 매입한 후 다시 자국 경제에 저렴하게 풀어놓기에 통화 공급이 줄어들 일은 없기 때문이다. 중앙은행의 통화 정책과 관련한 용어로 외환 개입은 결국 불태화sterilized◆한다는 의미다. 중앙은행의 조치는 시장에서 인식될 때 실패할 가능성이 커지며, 결국 신뢰는 더욱 떨어진다. 태국과 인도네시아는 1990년대 아시아 금융 위기 당시 그와 같은 실수를 했으며 인플레이션을 저지하지 못했다.

두루 적용되는 IMF의 해법

우리가 주목했듯이, 인플레이션이 다 정부 적자와 통화 공급 확장 정책으로 발생하지는 않는다. 아시아 금융 위기 시기에 어려움을 겪었던 국가 중 상당수가 세계에서 가장 깨끗한 정부 회계를 자랑했는데, 이런 점에서 대부분의 선진국보다 훨씬 뛰어났다는 점은 확실하다. 두 국가만 사례로 들자면, 한국과 태국은

◆ 불태화: 어떤 효과를 상쇄한다는 의미로 중앙은행이 해외 채권을 매입해(달러 매각) 환율을 낮추는 대신 자국 채권을 매각하는(자국 통화 환수)하는 정책을 불태화 정책이라고 한다.

1996년 정부 부채가 GDP의 10% 미만 수준이었다. 그렇지만 이러한 현실은 하향식 권고로 전혀 효과를 보지 못한 IMF 관료들에게는 아무런 의미가 없었다.

얽히고설킨 문제가 뒤따르다

IMF의 권고에는 또한 상당한 정치적 문제가 따라온다. IMF의 대출은 국가를 회복시키고 통화에 대한 신뢰를 확대하려는 조치다. 그러나 그에 뒤따르는 무수한 요구사항에 정치인들의 희망 사항이 반영되어 있다.

아시아 금융 위기 당시 통화 가치가 급락한 인도네시아가 대표적인 사례다. 인도네시아 정부 내 개혁파들은 흡족하게 IMF의 대출 조건 항목에 자신들의 선호 사업을 추가했다. 반면에 보수파들은 다양한 자유시장 개혁을 원했다. 한편, 자유주의자들은 인권 향상을 비롯해 당연하게도 어업 제한이 포함된 환경 규제도 요구했다.

그렇지만 IMF의 대출 조건에 다양한 요구사항이 포함되었다 해도 인도네시아 통화인 루피아의 가치는 올라가지 않았고 인도네시아의 통화 위기도 전혀 해결되지 않았다. 단지 일시적으로 효과가 있었다고 한다면 스티브 한케가 조언한 대로 통화위원회를 도입하자는 제안이 있었다. 통화위원회는 자국 통화를 더 안정적인 외화에 연결하게 한다. 이는 하이퍼인플레이션을 해결하는 확실한 방법이었다. 하지만 IMF는 빌 클린턴 Bill Clinton 대통령의 지원을 받아 통화위원회의 정책을 포기하라고 수하르토Suharto 대통령을 압박했다. 무슨 일이 일어났을까? 루피아화가 다시 붕괴했다. 곧이어 자카르타가 폭동으로 뒤흔들렸으며, 결국 수하르토가 권좌에서 내려와야 했다.

IMF의 대출 패키지는 빈번히 독이 되는 처방에 대한 보상이 되지 않는다. 예컨대, IMF는 짐바브웨를 돕고자 수억 달러를 대출해주었다. 그러나 짐바브웨는 악명 높은 하이퍼인플레이션을 멈추지 못했다. 사태는 더욱 악화되어 짐바브웨는 여러 차례 자국 통화를 폐기하고 다른 통화를 사용했지만 별로 효과를 보지 못했다.

실질적인 인플레이션 대책

어떻게 해야 인플레이션을 끝낼까? 다행인 점은 국가가 세금을 인상하거나 초고금리를 설정할 필요가 없다는 사실이다. 지긋지긋한 경기 침체를 유발할 필요도 없다(혹은 어업을 제한할 필요도 없다). 인플레이션을 잡는 방법은 매우 단순하다. 통화의 가치를 안정시키면 그만이다.

어떻게 이를 실현할까? 첫 단계로, 통화 가치가 하락하기 시작할 때 정부가 통화 지원 정책을 시행하겠다고 공개적으로 선언해야 한다. 즉, 통화의 가치를 유지하겠다는 뜻을 분명히 드러내야 한다. 그렇게 하는 방법도 매우 간단한데, 본원 통화를 축소하는 것이다(수요에 비해 공급이 과잉될 때 통화가 가치를 잃는다는 점을 기억해야 한다). 중앙은행이 위기에 대응한다는 사실을 사람들이 인식할 때, 통화에 대한 수요와 그로 인한 통화의 가치가 즉시 증가할 것이다. 투자자들은 건전한 돈에서 수익이 발생하는 전망에 안도하게 되어 신뢰가 상승한다. 통화가 반등하고, 경제가 회복된다. 중앙은행은 곧 통화 공급을 확대하여 급증하는 통화 수요를 충족함으로써 통화 가치가 지나치게 높아지지 않도록 해야 한다!

본원 통화의 공급을 줄이는 2가지 기본적인 방법이 있다. 첫 번째 방법은 정부가 외환 시장에서 자국 통화를 매수하는 식으로 개입하는 방법이다. 이런 전략이 대체로 실패한다고 앞서 말하지 않았는가? 국가가 전략을 적절한 방법으로 수행하지 않는 게 실패의 이유다. 거래로 인해 통화 공급에 순감소가 일어난다면, 외환 시장에 개입하는 전략은 효과가 있을 것이다. 중앙은행은 획득한 통화를 자국 내 경제에 재투자하는 너무도 흔한 실수, 불태화 과정을 반복하지 말아야 한다. 외환 거래에 사용되는 모든 달러나 유로에 대해서는 동일한 양만큼 통화 공급이 줄어들어야 한다. 두 번째 방법은 자산, 일반적으로 국채를 자국 통화와 교환하여 판매하는 것이다(다른 말로 공개 시장 조작이라고 한다). 그러면 통화를 지불받게 되고, 그에 따라 통화 공급이 줄어든다.

아래에서 확인하겠지만, 건전한 통화로 되돌아가는 마지막 방법은 시장 지향 정책pro-market policies을 수립하는 것이다. 돈에 대한 욕구와 함께 팽창하는 경제는 대개 통화 수요의 증가를 의미한다. 이런 경향으로 통화 가치가 부양된다. 그렇게 되면 중앙은행이 불안정한 경제를 '이지 머니'로 자극해야 한다는 압박이 줄어든다.

전후 독일과 일본에 일어난 돈의 기적

제2차 세계 대전 직후인 1949년까지 독일은 재정 적자를 충당하기 위해 화폐를 찍어내면서 또다시 하이퍼인플레이션으로 고통을 받았다. 무려 거래의 절반 정도가 물물교환으로 이루어진 것으로 추정된다. 담배와 초콜릿은 돈처럼 유통되었다.

독일의 전후 인플레이션이 종식된 이유

독일의 하이퍼인플레이션을 잡기 위해 연합국이 개입하여 디트로이트 은행장 조지프 도지Joseph Dodge를 초청했다. 도지는 즉시 정부의 적자 지출을 금지했다. 그때부터 독일 정부는 먼저 세금에서 수입을 얻지 못하면 지출을 할 수 없었다. 이로써 중앙은행이 정부에 자금을 조달해야 한다는 압력이 완화되었다. 하이퍼인플레이션을 불러온 라이히스마르크(1925년에서 1948년까지 독일에서 사용되던 마르크화—옮긴이)는 금 기반의 미국 달러에 연계된 도이치 마르크로 새롭게 대체되었다. 끔찍한 인플레이션은 하룻밤 사이에 끝이 났다.

한편, 미국 점령지구의 '경제기회국' 국장에 새로이 임명된 루트비히 에르하르트가 긴축 위주의 접근법에 반대하는 입장을 취했다. 에르하르트는 신뢰할 만한 새 화폐인 도이치 마르크를 화폐개혁으로 탄생시킨 데 이어 세금을 대폭 인하했다. 그는 또한 모든 유형의 임금과 가격 통제를 해제했으며, 전시에 시행되었던 배급제도를 폐지했다. 그러자 독일 경제가 급속히 살아나기 시작했다. 이를 인정받아 에르하르트는 새로 수립된 독일 연방공화국의 경제 장관에 취임했으며, 그 이후에 총리에 올라 일련의 세금 감면 정책을 시행했다. 그에 따라 소득세 최고 세율이 95%에서 53%로 떨어졌으며, 최고 세율이 적용된 소득이 60,000마르크에서 110,040마르크로 올라갔다. 이 결과로 독일 경제는 1950년대와 1960년대에 세계를 주름잡았다. 경제가 호황을 누리자 중앙은행이 '이지 머니'로 경제를 운영해야 한다는 압박에서 자유로워졌다. 독일 마르크는 세계에서 가장 신뢰할 수 있는 통화가 되었으며, 유로화가 나오기 전까지 그 역할을 대신했다.

일본: 정부 지출 금지 및 엔화 달러 연계

독일에서 막 성공을 거둔 조지프 도지는 한 번 더 신화를 일구기 위해 도쿄로 파견되었다. 일본에서도 중앙은행이 정부에 자금을 조달하기 위해 돈을 찍어내고 있었다. 또한 하이퍼인플레이션으로 인해 경제가 붕괴했다. 도지는 다시 한 번 적자 지출을 엄격히 금지하는 조치를 내렸다. 이 조치는 1965년까지 이어졌다. 이 뿐만이 아니라 그는 일본 엔화를 금 기반의 달러에 연계했다.

그러자 위기가 즉시 해소되었다. 그런데 그의 조치는 긴축이 아니었다. 일본도 독일과 마찬가지로 세금을 대폭 인하했다. 국가매출세도 폐지되었다. 1950년대 일련의 세금 감면 정책에 따라 소득세 최고 세율이 85%에서 55%로 감소했다. 배당금, 이자 소득, 자본 이득은 일반 소득세율로 과세되었다. 곧 배당금이 기존보다 더 낮은 세율로 과세되었으며, 소득세 과세율은 단 10%로 감소했다. 자본 이득은 세금이 면제되었다. 일본은 오늘날의 중국에 버금갈 정도로 경제 성장을 달성했으며 세계 경제 대국의 반열에 올랐다. 일본의 '경제 기적'은 결국 독일의 수준을 뛰어넘었다.

이 책의 공동 저자인 네이선 루이스가 '마법의 공식The Magic Formula'이라고 부르는 것, 즉 안정된 화폐와 낮은 세금이 얼마나 효과가 있는지 독일과 일본이 증명해 보였다.

폴 볼커는 어떻게 1970년대 스태그플레이션을 진압했나

30년 후 1970년대에 미국은 두 나라와는 다른 도전과 마주했다. 닉슨 쇼크 이후 물가가 폭등해 1970년대 말까지 인플레이션은 거의 15%에 도달했다. 미국은 '스태그플레이션'의 늪에 빠져버려 인플레이션 기대 심리가 강하게 확산하였다. 계속 상승하는 물가는 정상적인 질서의 일부분으로 여겨졌다.

그런 가운데 1979년 8월, 카터 행정부 집권 시기에 폴 볼커가 연방준비제도 의장에 취임했다. 그때쯤 중앙은행의 '이지 머니'가 병든 경제의 원인으로 마침내 인정되었다. 볼커는 문제를 해결하기 위한 권한을 가졌지만, 취임 초기 그의 노력은 실패로 돌아갔다. 다시 볼커는 '통화주의 실험'에 착수했는데, 통화 가치에 직접적 관심을 두지 않고 오로지 통화 공급 조절에 집중했다.

그러나 이 전략도 먹히지 않았다. 한 가지 이유는 연방준비제도가 총 통화 공급의 일부분만 직접 통제할 수 있었기 때문이다. 중앙은행은 소위 '본원 통화', 즉 은행의 지급준비금 및 시장에서 유통되는 화폐 발행액을 통제한다. 당좌예금, 양도성 예금증권, 또는 머니 마켓 펀드 등을 통제하지 못하는 것이다. 하지만 이런 '준현금' 금융 수단은 경제 활동과 인플레이션에 직접 영향을 미친다. 볼커의 통화주의 접근법은 통화 가치에 전혀 관심을 두지 않는 방식이었다. 그래서 그의 노력은 효과를 내지 못했다. 그 결과는 롤러코스터였다. 금 가격이 1온스당 300달러 정도에서 5개월 후 850달러로 치솟은 현상이 보여주듯이 달러의 가치는 처참하게 무너져 내렸다.

그로부터 얼마 지나지 않아 달러 가치가 다시 반등했다. 하지만 소비자물가지수는 여전히 상승하고 있었다. 통화주의 교리가 효과가 없다는 것을 볼커는 확실히 느끼게 되었다. 불안감을 치유할 유일한 방법은 금리가 전례 없는 수준까지 도달할 정도의 엄격한 긴축 정책이었다. 그러나 이전에 확인했듯이, 소비자물가지수 같은 지표에는 연방준비제도의 움직임이 더디게 반영될 수 있다. 그래서 볼커는 다시 한번 잘못된 판단을 했다. 1982년 금가격은 온스당 300달러로 다시 추락했다(이후 레이건이 취임한 뒤에는 달러 가치가 2배로 증가했다).

이러한 긴축 조치로 바람직한 침체가 유발되었다. 물가는 내려가고 있었다. 하지만 볼커는 스스로 인정한 것처럼 너무 앞서 갔을지 모른다. "금리가 우리의 예상치를 훨씬 뛰어넘어 버렸습니다." 4년간의 모기지 금리는 18%를 넘어섰다. 가장 좋은 단기 대출 금리가 21%를 넘는 수준이었다. 사회는 그에 따른 고통스러운 하락이라는 비용을 치러야 했다. 실업률은 2008년과 2009년 금융 위기 당시의 최고점을 초과하는 수준에 도달했다. 원자재 가격이 폭락하여 큰 충격을 받은 농부들은 연방준비제도 본부로 트랙터를 몰고 와 시위를 벌였다. 주택건설업자들은 벽돌과 나무판자를 연방준비제도에 보냈다. 자동차 판매업자들은 팔리지 않은 자동차의 열쇠를 보냈다.

결과를 알고 있는 지금 돌이켜 본다면, 볼커가 더 빨리 브레이크에서 발을 뗐어야 한다고 말하기는 쉽다. 하지만 전임자들의 연이은 실패가 볼커의 뇌리에 강하게 박혀 있었을 것이다. 과거의 시도는 일시적인 중단을 일으켰으나 인플레이션이 곧 다시 시작되고 물가가 어느 때보다 높이 치솟는 결과로 이어졌을 뿐이다. 볼커로서는 당시 끔찍한 인플레이션이 되살아나지 않도록 해야 했다.

볼커는 계속 강세를 보이던 달러가 세계 금융 위기를 촉발할 수 있다는 위험을 인지하고 엄격한 조치를 내려놓았다. 화폐 가치가 상승한다는 것은 국가가 미국 달러로 차입한 부채 부담이 2배로 증가함을 의미하기 때문이다. 먼저 멕시코가 디폴트 위기(채무불이행)를 알렸다. 당시 중남미 국가들이 미국 은행에 상당한 채무를 졌기 때문에 외채 위기가 미국으로 번질 수도 있었다. 그와 같은 재앙을 막으려고 완화 조치를 통해 은행 시스템에 유동성이 늘어나도록 했다. 과도한 긴축과 디플레이션은 끝을 맺었다. 금리는 급락했고 주식 시장은 급등했다.

그 후에 볼커는 달러의 안정을 유지하기 위한 노력의 일환으로 금과 원자재 가격의 추세를 놓치지 않았다. 그는 당시 통화 공급 통계치에 집착하기보다 통화 가치에 집중하고 있었다. 볼커가 이룬 성공은 레이건의 자유 시장 정책과 결합하여 경제 호황으로 이어졌다. 1980년대 초반 경기 침체 이후 미국 경제는 1983년부터 1989년까지 연간 4.3% 성장했다. 경제고통지수Misery Index (실업률과 소비자물가 상승률을 합친 값－옮긴이)는 카터 집권기에 22%라는 높은 수치를 보였다가 레이건 집권기인 1986년 말 7% 까지 떨어졌다.

폴 볼커의 느슨한 상품 본위제commodity standard는 전통적인 금 본위제만큼 효과를 보이지 않았다. 달러는 여전히 금 1온스당 300달러에서 500달러까지 큰 변동 폭을 보였다. 이후 1987년 앨런 그린스펀이 볼커의 뒤를 이어 연방준비제도 의장으로 취임했다. 오랫동안 금 본위제를 지지했던 그린스펀은 볼커의 전략을 개선하여 달러의 변동성을 훨씬 더 다스려 달러 가치를 1온스당 350달러에 가깝게 유지했다.

대완화기

그린스펀이 이후 인정했듯이, 그 당시 그의 정책은 본질적으로 사실상의 금 본위제였던 제도를 통해 안정된 달러를 유지하는 것이었다. 그린스펀은 2004년 의회 증언에서 다음과 같이 말했다. "지금의 불환 통화(법정 화폐) 제도 시대에 가장 효과적인 중앙은행은 흔히 상품 본위제에서 나타났을 법한 상황을 쉽게 모사하는 경향이 있기 때문에 성공한다."

전 세계 중앙은행들은 그린스펀의 접근법을 따랐다. 2005년 그린스펀은 이렇게 말했다. "70년대 말 이래 중앙은행가들은 마치 우리가 금 본위제도 하에 있는 듯한 행태를 취해왔습니다." 통화의 안정성을 추구한 그린스펀의 정책은 1980년대와 1990년대 저인플레이션 고성장기, 즉 '대완화기 Great Moderation'의 토대가 되었다. 그린스펀은 그러한 성과로 마에스트로라는 경외심 넘치는 별명을 얻고 명예 기사 작위를 받는 등 극찬을 받았다. 그러나 안타깝게도 1990년대 말 금과 원자재의 신호를 무시한 그린스펀은 달러 가치가 고통스러운 수준까지 상승하도록 내버려 두었다. 달러의 강세는 아시아 금융 위기를 유발했다.

오늘날까지 경제학자 대부분이 여전히 이해하지 못하고 있지만, 1970년대의 스태그플레이션뿐만 아니라 1980년대와 1990년의 대완화기를 불러온 결정적 요인은 바로 달러 가치였다.

러시아: 예상 밖의 성공 신화

1990년대 말 러시아에 재앙을 부른 IMF의 프로그램은 푸틴이 집권하는 계기가 되었다. 푸틴은 러시아를 물물교환 경제로 추락시킨 지독한 하이퍼인플레이션을 끝내겠다는 약속과 함께 정권을 시작했다. 푸틴이 제시한 7% 성장률이라는 낙관적인 비전은 지난 20년을 혼란으로 보낸 국가에서 쉽게 받아들여졌다.

푸틴은 1999년 8월 총리로 임명된 직후 거의 즉시 약속을 지켰다. 많은 종류의 세금이 감면되거나 폐지되었다. 2000년에 그는 세계에서 가장 낮은 세율로 13%의 평률소득세를 적용했다. 균일세는 인플레이션을 방어하는 수단으로서 추가적인 이점이 있었다. 당시에는 과세 등급이 없었기 때문에 브래킷 크리프도 일어나지 않았다. 기업들이 호황에 대비하면서 루블화에 대한 수요도 자연히 늘어났다. 그에 따라 루블화의 대 달러 환율이 달러당 29루블 정도로 안정되었다.

그 결과는 다음과 같다. 러시아 경제는 2000년 10% 성장을 기록했다. 그 해는 1960년대 이후 처음으로 고성장을 한 해였다. 13%의 단일세율 과세 제도를 새로이 도입한 덕분에 소득세 수입이 1년간 46%나 증가했다. 세금을 회피할 이유가 더는 존재하지 않았다. 부과금이 줄어들고 통화가 안정되면서 1950년대 독일의 경제 기적을 보듯 러시아가 부활했다. 그러나 안타깝게도 이처럼 놀라운 경제적 확장도 2008년 세계 금융 위기로 인해 중단되었다. 그에 뒤따른 경기 침체로 세금이 급격히 증가했고 루블화가 폭락했다. 이에 러시아 중앙은행이 30%가 넘는 초고금리 긴축 조치로 대응했다. 그러나 상황은 예상대로 흘러갔다. 중앙은행이 인플레이션을 가라앉히지 못한 것이다. 이 책의 공동 저자인 네이선 루이스는 러시아의 온라인 신문 '프라우다'에 기고한 글에서 중앙은행이 본원 통화를 줄이기 위해 '태환 외환 시장 개입'으로 루블화를 안정화해야 한다고 권고했다. 이 처방은 2009년 2월에 수용되어 즉각적인 성공으로 이어졌다. 루블화의 가치는 급등했다. 금리는 몇 달 후 10% 미만으로 확 떨어졌다. 러시아의 위기는 끝을 맺었다.

지금 중요한 것은?

미국은 어떨까? 미국은 거세지는 인플레이션을 다스릴 수 있을까? 그 답은 미국도 마찬가지로 빠르게 인플레이션을 잡을 수 있다는 것이다. 미국이 건전한 달러의 중요성을 깨우치고, 달러 가치를 안정되게 유지하려는 정치적 의지를 갖춘다면, 1980년대와 1990년대에 누렸던 금융 안정성과 활기찬 성장이 다시 한번 재현될 수 있다. 지금부터 미국 또는 다른 국가들이 인플레이션을 종식할 수 있는 몇 가지 방법을 설명하려고 한다.

통화위원회

일찍이 설명한 바와 같이 통화위원회는 금 본위제 체제와 매우 흡사하게 운영되는 통화기관을 말한다. 다만, 통화가 금에 연결되지 않고 달러, 유로, 혹은 그보다 더 안정적인 '닻'의 기능을 하는 다른 통화에 연결된다. 150년이 넘는 역사를 가진 통화위원회는 역대 가장 맹렬했던 하이퍼인플레이션을 며칠 만에 멈추는 성공 신화를 썼다. 그들은 돈을 빌려주거나 발행하지 못하며 중앙은행의 권한을 전혀 가지고 있지 않다. 안정된 통화가 고정된 가치를 유지하도록 하여 인플레이션을 방지하는 것을 유일한 임무로 삼는다.

전 세계 국가들의 통화위원회를 설계하는 데 기여한 경제학자 스티브 한케가 설명한 바에 따르면, 지역 통화는 기축 통화에 의해 '100%' 뒷받침되어 신뢰를 높인다. "통화위원회가 발행하는 지역 통화가 마음에 들지 않으면, 기축 통화로 교환할 수 있습니다." 한케는 이렇게 말했다. "100% 지급준비제도 때문에 기축 통화는 늘 있습니다."

이 시스템을 도입한 두 발트 국가, 리투아니아와 에스토니아는 1990년대 끔찍한 인플레이션을 바로잡았다. 라트비아도 통화위원회와 유사한 형태의 시스템에 따라 같은 결과를 얻었다. 다른 지역 통화들이 바닥으로 곤두박질쳤지만, 세 국가는 모두 통화 위기 없이 2008년 금융 위기에서 살아남았다. 다수의 아프리카 국가들도 통화위원회 같은 체제를 도입했다. 해당 통화기관들은 모두 유로화를 기축 통화로 사용한다. 홍콩은 1983년 이래 달러에 연결된 통화위원회를 운영해 왔다.

1997년, 한케는 불가리아 정부에 이 해결책을 채택해 현지 통화 레프의 신뢰를 회복하고 한때 연간 2,000%를 넘어선 끔찍한 하이퍼인플레이션을 끝내라고 조언했다. 한케의 조언대로 약화된 불가리아 통화는 독일 통화에 고정되었으며, 신기하게도 강한 독일 마르크의 복제품 같은 통화가 되었다. 그다음에 무슨 일이 일어났을까? 한케가 말했다. "거의 24시간 안에 시스템에서 인플레이션이 완전히 사라졌습니다. 그리고 한 달 만에 불가리아에서 명목 금리가 한 자릿수에 머물렀습니다." 연간 10% 이상 수축했던 불가리아 경제는 갑자기 호전되어 이내 5%에 가까운 강력한 비율로 성장하고 있었다.

통화위원회 제도를 도입한 불가리아 등 여러 국가의 사례는 통화 가치가 안정될 때 (즉, 달러나 유로에 연결되면) 가장 극심한 하이퍼인플레이션도 종식된다는 점을 잘 보여준다.

전 세계적으로 70여 개 통화위원회가 운영되었다고 한케는 언급했다. "실패한 사례가 하나도 없었습니다." 그러면서 통화위원회 체제가 규칙을 따라야 한다고 그는 강조한다. 예컨대, 아르헨티나는 1991년 초 '태환법 체제'를 도입했는데, 통화위원회로 잘못 알려져 왔다. 해당 체제가 효과를 보지 못했던 것은 마치 중앙은행처럼 운영되었고 화폐 발행에 관여해 아르헨티나 페소와 기축 통화 달러 사이의 연결을 약화했던 탓이다.

통화위원회의 성공은 인플레이션을 다스리는 데 안정된 통화가 핵심이라는 사실을 방증한다. 이런 점에서 한케의 말에 주목해야 한다. "안정성이 다는 아니겠지만, 안정성이 없으면 모든 것이 아무런 의미가 없다."

상품 본위제

효과적인 방법이 또 있다. 볼커와 그린스펀이 상품과 금의 가격을 달러 가치의 지표로 삼았던 전략이다. 상품과 금의 가격이 상승하는 현상은 달러 가치가 하락해서 본원 통화의 공급을 엄격히 통제해야 한다는 것을 의미한다. 반대로 상품과 금의 가격이 낮아진다면 어떨까? 본원 통화의 공급을 확대할 때가 된 것이다. 앨런 그린스펀이 인정했듯이, 이 체제는 불완전하게 금 본위제에 가까운 것이다. 이 대목에서 다음과 같은 물음이 제기된다. 그럼 완전한 것을 이용하는 건 어떨까?

인플레이션을 없애는 완벽한 방법

두말할 것도 없이 달러를 안정시키는 최고의 방법은 대부분 역사에서 효과가 있었던 체제, 미국 경제의 번영을 이끈 토대가 되었던 금 본위제로 복귀하는 것이다.

금 본위제 체제에서는 인플레이션이 전혀 일어나지 않는다. 여러 면에서 오늘날에도 아직 재현되지 않은 역사적인 부의 창출 시대, 19세기 후반 금 본위제 시대에 인플레이션이 전혀 발생하지 않았던 것을 보라.

그런데 인플레이션이 없다고 반드시 물가 변동이 사라진다는 뜻은 아니다. 앞에서 설명했듯이, 가격은 공급과 수요, 생산성이 변화함에 따라 계속 되풀이하여 오르고 내린다. 그런데도 금에 고정된 달러로 인해 모든 수준의 인플레이션에서 발생하는 '가격 왜곡'이 사라진다. 그로 인해 가격에 실제 시장 가치가 반영된다. 달리 말해, 금으로 인해 화폐가 수십 년 만에 처음으로 가치의 척도이자 거래 촉진 수단으로써 그 기능을 다하게 된 것이다. 시장에서 장사하는 사람들이 실질적인 거래 도구를 가지게 되었으며 상업이 번성했다.

금 본위제 체제에서 인플레이션만 사라진 것이 아니었다. 여러 연구 결과에 따르면, 1971년 이래 명목 화폐 시대에 심각한 금융 위기의 발생 빈도가 급격히 늘어났다. 그런데 안정된 통화가 원인이 되어 경제 위기가 일어난 적은 한 번도 없었다.

건전한 통화와 경제 번영 사이의 연관성은 재차 확인됐다. 이는 역사적인 부의 창출 시대인 19세기뿐만 아니라 근면했던 전후 1950년대와 1960년대, 세계가 브레턴우즈 체제에 있었던 시기가 대표적 사례다. 이와 관련하여 경제학자 주디 셸턴의 말에서 다음 대목이 눈에 들어온다. "우리는 최대의 동반 성장을 했어요. 가장 부유한 사람들이 가장 가난한 사람들의 희생으로 존재한 게 아니에요. 성장은 동반되었어요. 모든 사람이 올라가고 있었어요. (…) 전 세계가 이런 환상적인 경제적 성과 지표를 가졌어요. 환상적인 성장, 생산적인 성장, 동반 성장이 있었던 시대, 그리고 세계가 고정 환율 제도를 가졌던 시대, 이 두 시대가 완벽히 맞아떨어진다는 사실을 사람들이 모른다는 게 놀라울 따름이에요."

금: 번영으로 가는 길

그러면 어떻게 번영으로 나아갈 수 있을까? 금 본위제로 복귀해야 제로 인플레이션과 건전한 통화를 실현할 수 있다. 그런 세계로 돌아가는 것은 전적으로 가능하며 대부분의 사람이 생각하는 것보다 훨씬 더 쉬운 일이다.

금 본위제는 여러 유형이 있다. 두 유형의 금 본위제는 이미 실시되었다. 첫 번째 유형은 고전적 금 본위제로, 1870년부터 제1차 세계 대전이 발발했던 1914년까지 세계 최대 경제국들이 시행했다. 두 번째 유형은 양차 세계 대전 이후 도입된 금 환 본위제다. 다른 두 유형으로는 100% 금 본위 통화 및 소위 금 가격제가 제시되었다. 각각의 유형에 대해서는 반대자들과 지지자들이 있다. 그럼에도 이 모든 체제는 통화 가치가 가치의 닻인 금에 연계되어 있다.

이는 전혀 새로운 개념이 아니다. 오늘날 수십여 국가들이 통화의 안정성을 유지할 목적으로 자국 통화를 달러나 유로에 연결했다. 미국은 그 가치가 어떤 통화보다도 더 안정적이라고 증명된 귀금속에 달러를 연결했을 뿐이다. 아래 순서에서 21세기에 작동할 새로운 유형의 금 본위제를 간략히 제시한다.

21세기의 금 본위제

우리의 제안은 과거 체제의 취약점을 제외하고 기본 원칙들을 결합한 개념이다. 국가는 금 비축량에 대해 걱정하지 않아도 된다. 금괴를 쌓아놓는 금고도 필요하지 않다. 우리는 오로지 금에 연결된 통화 가치를 유지하기만 하면 된다.

그러한 체제 아래에서 달러는 특정한 가격으로 금에 고정된다. 그 가격은 디플레이션에 대비한 예방책으로 책정되어 최근 금 가격에 대한 5년이나 10년의 평균치를 바탕으로 결정된다. 연방준비제도는 그러한 도구를 이용해 주로 공개 시장 조작 정책으로 해당 비율로 금에 연결된 달러 가치를 유지한다. 오늘날 통화위원회가 통화 정책을 펼칠 때처럼 통화가 다소 약세일 때 통화 공급이 줄어들고 통화가 너무 강세일 때는 통화 공급이 확대된다.

시행의 용이함

이 제도를 시행하기까지 1년이 채 걸리지 않는다. 우선 정부는 금 본위제로 전환되는 날짜를 발표해야 한다. 점진적 도입은 시장이 금 기반의 통화 제도로 복귀하는 데 도움이 된다. 통화가 약세를 보이는 기간에 금 가격은 투자자들의 불안감을 반영하는데, 금 본위제 시행을 예고하는 발표가 그와 같은 불안을 해소할 것이다. 금 가격은 더욱 자연스럽게 형성되어 금/달러 교환 비율이 안정적으로 유지되어야 한다. 제도가 전환되는 시기에 금융기관과 투자자들은 미래 금리에 대한 기대치를 조정하고 안정된 통화라는 새로운 환경을 반영해 투자 전략을 변경할 수 있다. 세계 시장도 그와 유사하게 조정을 한다. 브레턴우즈 체제에서 제한되었던 환율 변동폭인 1% 범위에서 금에 대비해 달러의 변동이 허용된다.

연방준비제도는 어떤 역할을 할까?

연방준비제도의 '이중책무(물가 안정과 최대 고용)'는 사라진다. 중앙은행은 '이지 머니'와 금리 조작으로 실업률을 해결할 임무를 맡지 않아도 된다. 앞서 논의했듯이, 그런 조치는 결국 성장과 일자리 창출을 저해하는 결과로 이어진다. 연방준비제도는 또한 금융 기관이 다른 금융 기관에 지급준비금을 대출할 때 적용되는 금리, 즉 연방기금 금리를 고정하는 일을 하지 않는다. 은행의 지급준비금에 대해서도 이자를 지불하지 않는다. 연방준비제도는 은행들이 할인 창구(은행에 돈을 대출해주는 제도 – 옮긴이)에서 돈을 빌리며 지급하는 할인율을 여전히 설정할 수 있다. 그 비용은 만기가 유사한 자유 시장 금리보다 높게 설정되어 은행들이 저렴한 자금원을 대출하려고 창구를 이용하지 않게 된다. 이는 영국 파운드가 세계 최고의 금 연계 통화였던 19세기 말에 영국의 중앙은행이 채택했던 기본 방법론이다.

미국이 금 본위제로 돌아간다면, 다른 국가들이 편의를 위해서라도 자국 통화를 달러에 고정할 것이다. 수많은 중남미 및 아시아 국가들이 이미 자국 통화를 달러에 긴밀히 연결하고 있다. 그렇게 해야 미국과의 교역과 투자가 훨씬 더 수월해지기 때문이다. 그렇게 하는 또 다른 이유는 자국의 중앙은행이 달러와의 연계를 끊지 않는 법을 이해하고, 1997년 아시아 금융 위기 당시에 나타났던 일종의 투기적 공격을 회피하도록 하기 위함이다. 두 방식이 있는데, (많은 국가가 이미 보유한) 달러에 긴밀하게 연결되게 하거나 자국 통화를 달러에 바로 연계되게 한다. 어느 방법으로든 안정된 환율과 건전한 통화로 돌아가자는 주요 목적을 성취할 수 있다.

금에 대한 잘못된 믿음에서 벗어나기

케인스학파 옹호자들이 '반직관적'이라고 인정하는 케인스주의의 관념과 달리, 인플레이션을 제거하고 건전한 통화를 통해 번영을 일으킨다는 생각은 아주 타당하다. 그런데 지난 수십 년 동안 경제학 종사자들이 '취소 문화cancel culture'◆에 사로잡혔다는 사실이 안타깝다. 오랫동안 경제 분야를 지배해온 케인스주의 학파는 금 본위제로 복귀하는 문제에 대해 모든 논의를 중단해왔다.

그들의 완고한 태도는 어느 정도 인간 본성뿐만 아니라 금 본위제의 작동 원리에 대한 오랜 오해에서 기인한다. 금과 달러의 연결고리를 유지하는 것이 주요 임무이기에 연방준비제도는 직원이 2만 명을 넘을 필요가 없다. 케인스는 유동적인 명목 화폐를 조작하는 방법으로 경제를 관리하는 데서 (더 정확히 말해 잘못

◆ 취소 문화: 유명인이나 공인을 대상으로 과거에 잘못되었다고 생각하는 행동이나 발언을 고발하고 지원을 철회해 직업이나 사회적 지위를 잃게 만드는 일종의 불매 운동.

운영하는 데서) 비롯되는 권력의 끌림을 근본적으로 인정했다.

이유가 무엇이든지 간에 인플레이션을 진정으로 끝내려면, 금 기반의 통화로 복귀하려는 생각을 뒤집지 말아야 한다. 금에 대한 잘못된 통념이 있지만, 그러한 오해는 쉽게 풀린다. 그와 관련한 몇 가지 사례를 살펴본다.

흔한 오해: '금 가격이 변동하는 현상은 달러 가치를 안정시키는 닻의 기능을 하기에 너무 변동성이 심하다는 의미다.'

중요한 사실: 그렇지 않다. 금의 내재 가치는 크게 변동하지 않는다. 금은 수천 년 동안 통화를 위한 안정적인 닻의 기능을 해왔다. 금의 가치가 일정하게 유지되기에 금 가격의 변동성은 달러의 변동성을 반영한다. 이 부분이 아주 중요한 대목이다. 금이 아니라 달러와 관련해서 매우 중요한 사실이다.

흔한 오해: '달러를 현재 가치로 뒷받침할 만큼의 금이 세상에 충분히 존재하지 않는다.'

(이 추론에 따르면, 미국에는 금이 대략 2억 6,100만 온스밖에 없으며, 시장 가치로 5,000억 달러 정도다. 현재 본원 통화는 6조 달러가 넘는다. 이 주장대로라면, 달러를 금에 고정하면 가혹한 디플레이션이 발생한다.)

중요한 사실: 금 본위제는 '공급'의 문제가 아니라 통화 가치를 안정되게 유지하는 문제와 관련이 있다. 금 본위제를 시행하겠다고 귀금속을 산더미처럼 쌓아둘 필요가 없다. 금은 단지 가치의 닻으로 기능한다. 금 본위제는 볼커와 그린스펀이 이용한 상품 본위제와 매우 유사하게 작동한다. 금 가격은 달러 가치를 안정되게 유지하게 하는 지표다. 금 가격이 너무 높거나 너무 낮다면 어떻게 해야 할까? 통화 공급을 적절하게 조정해야 한다. 고전적 금 본위제의 전성기 시절에도 자국 통화를 뒷받침하는 금을 100% 보유한 국가는 없었다. 영국은 과거에 파운드를 뒷받침하는 금을 매우 적게 보유했다. 다른 국가들도 저마다 매우 다른 양의 금을 보유했다. 만약 미국이 태환성(달러를 일정한 비율로 금과 교환할 수 있는 권리, 반대의 경우도 마찬가지다)을 부여하기로 결정했다면, 정부는 연방준비제도의 대차대조표가 부풀려졌음에도 불구하고 그러한 제도를 운영할 만큼의 금을 보유하고 있을 것이다.

흔한 오해: '금 본위제를 시행하면 정부가 통화 공급을 확대할 수 없다.'

중요한 사실: 틀린 말이다. 통화 공급은 통화 가치를 안정적으로 유지하면서 성장하는 경제를 뒷받침하기에 필요한 만큼 확대할 수 있다. 앞에서 언급했듯이, 1775년에서 1900년까지 미국에

서는 달러가 금에 고정되었음에도 통화 공급이 160배로 급속히 증가했다. 1934년에서 1971년까지는 금 1온스당 35달러의 비율로 달러가 금에 고정되었는데, 미국의 본원 통화 공급량은 10배로 증가했다. 이는 1940년대 말과 1950년대, 1960년대에 경제가 성장하는 토대가 되었다.

흔한 오해: '금 본위제가 대공황의 원인이었다.'

중요한 사실: 대답은 간단하다. 아니다. 그렇지 않다. 흔히 제기되는 주장과 달리, 금에 관해 거침없이 비평하는 사람들도 금이 공황의 원인이라고 말하지 않는다. 통화 체제의 최고 권위자인 배리 아이켄그린Barry Eichengreen이 가장 신랄하게 금 본위제를 평가했는데, 금 본위제가 꼭 대공황을 일으킨 원인이었다기보다는 국제 금융 시스템의 취약성을 심화했다는 주장이었다.

케인스 또한 금 본위제를 대공황의 원인으로 돌리지 않았다. 그의 후임자들 대부분도 마찬가지였다. 그들은 오히려 금이 인플레이션 정책(통화 평가 절하 및 금리 조작)을 차단했다는 주장에 이의를 제기했다. 인플레이션 정책이 경제를 부양하고 침체를 끝낸다고 그들은 믿었다.

대공황을 일으킨 실제 원인은 '스무트-홀리 관세법'이었다. 이 충격적이고 전례 없는 법안에 따라 결국 3,000여 수입 품목에 평균 60%의 관세가 적용되었다. 마치 세계 무역 시스템이 폭탄을 맞고 완전히 파괴된 상황과 같았다.

스무트-홀리 법안이 제정되어 1914년 제1차 세계 대전이 발발한 이래 세계 무역 전쟁이 촉발됨으로써 전 세계 무역 장벽이 높아졌다. 경제는 붕괴했고, 세금 수입도 바닥으로 떨어졌다.

그런데 전 세계 국가 정부들은 무엇이 그들을 강타했는지 알지 못했다. 경기 침체 초기에 그들은 엄청난 세금 인상(달리 말해, 긴축 조치)으로 대응했으나 침체를 악화시켰을 뿐이다. 이런 점에서 영국과 독일, 미국이 최악의 대응을 했다. 당시 미국은 1932년 세금을 급격히 인상하는 법안을 제정했다. 예컨대, 최고 세율이 25%에서 63%로 인상되어 불황이 심각해졌다. 세율은 1973년 79%에 도달했다.

흔한 오해: '금 본위제는 영국이 대공황에서 회복하는 데 방해가 되었다.'

(이 주장대로라면, 영국은 1931년 말 금 본위제에서 이탈하여 변동 환율을 허용했을 때 경제를 회복했을 것이다.)

중요한 사실: 그런 움직임으로 일시적으로 경기가 부양되었다. 하지만 영국은 곧 폭락하는 파운드화를 떠받치기 위해 금리를 인상해야 했다. 더군다나 파운드화를 평가 절하한 탓에 유럽과 세계 곳곳에서 보유했던 파운드 표시 채권의 가치가 곤두박질쳤다. 이에 당시 손실의 위험이 없는 무위험 자산으로 간주된 상품

들에 투자한 사람들이 재정적 위험에 내몰렸다. 다른 국가들도 잇따라 평가 절하를 단행했다. 20개가 넘는 국가들이 자국 통화를 약화시켰다. 미국은 1933년 달러를 평가 절하했으며, 벨기에가 1935년 미국의 뒤를 따랐다. 이탈리아와 프랑스는 스위스와 마찬가지로 1936년 자국 통화를 평가 절하했다. 이런 근린 궁핍화 정책*의 일환인 평가 절하로 인해 공황이 장기화하였다.

오늘날 케인스학파는 통화 가치의 평가 절하를 환영할지 모르지만, 그 시대를 실제로 살았던 사람들은 그렇지 않을 것이다. 1930년대의 트라우마로 인해 전 세계 국가들이 명목 화폐의 불완전성을 없애게 되었다. 1944년, 연합국과 중립국의 대표들이 뉴햄프셔에서 열린 회의에 참석하여 브레턴우즈 체제라는 국제 통화 체제를 발족했다.

◆ 근린 궁핍화 정책: 영국의 경제학자 로빈슨J.V Robinson이 명명한 것으로, 자국 통화의 가치를 약화하는 방법으로 다른 국가의 경제를 희생시켜 자국의 경기 회복을 도모하는 정책을 통칭한다.

5장

인플레이션에서
당신의 돈을
지키는 법

What
About
Your
Money?

이 모든 내용은 우리의 돈과 관련해 어떤 의미가 있을까? 우리의 자산을 지키고 늘려 인플레이션을 앞서나갈 수는 없을까?

간단한 공식은 없다. 1970년대 스태그플레이션 시기에 〈포브스Forbes〉는 사막에서 얼음덩어리가 우산으로 보호되는 그림을 표지에 실었다. 표지의 제목은 '인플레이션: 자본을 보호하는 법'이었다. 기사에서는 독자들에게 다음과 같이 경고했다. "우리는 거짓말을 못 한다. 우리의 세법, 지금의 맹렬한 인플레이션율을 고려할 때, 투자로 자본을 확대하기는커녕 개인 투자자가 자본을 지킬 신뢰할 만한 방법이 없다. 만약 누군가가 당신에게 다른 말을 한다면, 당신의 지갑을 꽉 붙들어야 한다."

인플레이션 관련 기사는 팬데믹 이후 뉴스 화면의 최상단에

위치했다. 상황이 얼마나 나빠지고 있을까? 답은 우리가 의존하는 전문가의 의견이나 방송 채널에 있을 것이다. 이를테면, 주식 시장 수익률이 인플레이션을 능가했다는 말이 종종 들린다. 틀린 말이 아니다. 그런데 단기간에는 어떨까?

답은 사정이 더 나빠질 수 있다는 것이다. 1970년대에 미국이 겪었던 유형의 심각한 인플레이션은 기복이 매우 심한 변동성(아찔할 정도로 주가가 급등하다가도 속이 뒤집힐 정도로 주식 시장이 폭락하는 현상)을 의미할 수 있다. 동시에 이른바 '최고가'는 보이는 것과는 다를 수 있다. 최고가는 인플레이션으로 인한 가격의 왜곡을 반영하며 실질적인 가치 상승을 의미하지 않는다. 1970년대 인플레이션이 반영된 다우존스 산업평균지수는 50% 이상 하락했다. 21세기 첫 10년 동안 다우 지수는 그와 비슷한 규모의 하락률을 기록했다.

이런 환경에서는 인플레이션 헤지(방어, 위험 분산)가 불가능할지 모른다. 그렇다 해도 과거의 경험은 투자 활동에 도움이 된다. 이번 장에서는 모순된 정보가 넘쳐나는 시장에서 올바른 정보를 선별하고 더 나은 투자 결정을 내리는 법을 배운다.

시장 상황 파악하기

금융 시장의 불안감을 진단하는 일은 어느 정도는 질병을 진

단하는 일 같다. 흔히 다양한 지표에 반영된 징후를 살피고 결론
에 도달한다.

소비자물가지수, CPI

시장을 확인하는 지표 중 하나인 소비자물가지수CPI는 노동
통계국이 발표하는 물가 지표다. 이 지표는 도시 가계가 구매하
는 상품과 서비스 품목의 가격을 기준으로 산정된다. 미국 CPI와
마찬가지로 특정 지역에 대한 물가 지표도 있다. CPI 웹사이트에
서는 자동차 연료와 식료품 같은 특정한 품목에 대한 가격 변동
을 확인할 수 있다. 또한 월간 배포 자료에서 모든 항목 및 특정
상품군과 관련한 연간 평균 물가 상승률을 확인할 수 있다.

그러나 비평가들은 소비자물가지수에 문제점이 있다고 지적
한다. 소비자물가지수의 산출 방식(상품 바구니에 들어간 상품들을
지수로 측정하는 방법)은 수년에 걸쳐 변경되었다. 노인 의료 보험
제도나 저소득층 의료 보장 제도는 고용주 또는 정부가 비용을
지불하는데, 건강보험 납부액 같은 주요한 지출에 대한 가격 데
이터가 소비자물가지수에는 포함되지 않는다.

게다가 소비자물가지수는 물가의 오름세에 반응하는 소비자
행동의 변화를 다루지 않기 때문에 인플레이션이 과소 평가될
소지가 있다. 예를 들어, 소비자가 같은 양의 고기를 소비하지만,
물가 상승의 부담으로 이전보다 가격이 저렴한 고기를 선택한다
고 하자. 이 사실은 소비자물가지수에 반영되지 않는다. 이런 문

제점을 보완하려는 시도로 다양한 형태의 소비자물가지수 및 기타 지표들이 작성되고 있다.

CPI 인플레이션 계산기

CPI 인플레이션 계산기는 물가 지표의 한 갈래로, 시간이 흐르면서 달러의 구매력이 얼마나 떨어졌는지 보여준다(구매력이 상승하는 경우는 거의 없다). 이 계산기에 따르면, 2000년의 1달러는 2021년에 1.62달러의 구매력을 갖는다. 계산하면 달러의 구매력이 38% 감소했다는 사실을 발견하게 된다.

개인소비지출 물가지수, PCE

연방준비제도의 경제전문가들이 선호하는 개인소비지출 물가지수PCE는 CPI와 다른 공식에 기반하면서도 CPI와 매우 유사한 물가 지표다. 또한 PCE는 광범위한 소비자 지출 조사로 인플레이션이나 디플레이션을 측정하는 방법이다. CPI와 달리 제3자 보험에서 발생하는 보건 의료 서비스 비용이 지수에 포함된다.

그런데 모든 물가지수에는 결점이 있는데, 앞서 지적한 것처럼 '물가'에 초점을 맞추기 때문이다. 물가는 인플레이션의 징후일 뿐 질 안 좋은 식품으로 '건강이 나빠지는 현상'을 반영하지는 않는다. 게다가 통화 가치의 평가 절하가 생계비에 반영되어 나타나기까지 시간이 걸릴 수 있다. 그래서 정부가 발표하는 수치는 인플레이션의 수준이 과소 평가될 가능성 있다. 예컨대, CPI

에 따르면 2020년 7월 연간 인플레이션 수준이 1% 정도였다. 하지만 소비자들이 이미 물가 상승을 느끼고 있었으며 아무도 그 수치를 신뢰하지 않았다. 애석하게도 소비자들이 옳았다. 1년도 채 지나지 않아 CPI는 5%의 인플레이션율을 보여주었다.

최상의 인플레이션 지표

달러의 가치에 일어난 변화를 확인할 때, 먼저 들여다봐야 할 것이 바로 금이다. 수많은 웹사이트에서 최근의 금 가격을 확인할 수 있다.

금 가격에 대한 이해

금 가격이 상승할 때(달리 말해, 금 1온스를 구매하기 위해 돈이 더 필요할 때), 이는 보통 달러 가치가 하락했음을 의미한다. 그런데 금 가격이 잠깐 급등했다고 해서 꼭 인플레이션이 일어날 신호라고 할 수는 없다. 매일의 가격 변동에 너무 집중할 필요는 없다. 그렇지만 가격이 상승하여 장기간 그 수준에 머문다면, 혹은 가격이 변동을 거듭하면서도 상승 추세에 있다면, 그것은 달러 가치의 하락을 암시한다.

원자재 가격

우리는 다른 상품의 가격도 살펴야 한다. 석유와 은, 밀 등의 원자재는 금보다 수요와 공급의 변화에 민감하다. 이런 원자재의 가격은 통화 가치와 관련이 없는 이유로 상승하거나 하락할 수 있다. 그래도 금과 마찬가지로 달러가 하락할 때 가격이 상승한다. 그런데 원자재의 가격은 대체로 금에 뒤처진다. 그래서 금 가격의 상승은 (그리고 달러 가치의 하락은) 12개월이 지나도 상품 가격의 상승에 반영되지 않을 수 있다.

금을 뺀 원자재 중 석유는 달러의 추이를 가장 잘 보여주는 지표다. 늘 그렇지는 않아도 보통은 그렇다. 1970년대 초 석유 가격이 치솟은 현상은 닉슨 쇼크 이후 달러 가치가 평가 절하되어 발생한 직접적 결과였다. 반면에 석유는 수요와 공급의 실질적 변동을 반영하기도 한다. 일례로, 2021년 석유 가격이 상승한 현상은 달러 가치의 약세가 원인이 되기도 했지만, 다른 이유도 있었다. 경제 활동이 재개되어 수요가 증가했고 바이든 행정부가 미국 내 에너지 생산을 규제했기 때문이다.

개별 원자재의 가격을 알고 싶으면, '월스트리트저널', '폭스 비즈니스Fox Business', '블룸버그Bloomberg', 'CNBC' 등의 비즈니스 뉴스 웹사이트에서 실시간 시세를 확인하면 된다. CRB 지수, 블룸버그 상품 지수BCOM, S&P GSCI 지수 같은 상품 지수도 살펴봐야 한다.

연방준비제도는 무슨 일을 하고 있을까?

금과 원자재의 가격을 살펴보는 일에 더해 연방준비제도의 통화 정책 방향을 이해해도 도움이 된다. 연방기금 금리를 두고 중앙은행이 목표로 하는 것은 무엇일까? 이 물음의 답은 금융기관의 대출 이자, 경제로 유입되는 돈의 액수에 영향을 미치는 금리와 관련이 있다. 그래서 낮은 연방기금 금리는 연방준비제도가 돈을 지나치게 많이 찍어내고 있다는 신호가 될 수 있다. 한편, 은행들이 연방준비제도에 예치한 돈(지급준비금)에 대해 이자가 지급되고 있는지 살펴봐야 한다. 중앙은행이 지급준비금에 대한 이자율을 인상한다는 것은 인플레이션을 우려하고 있다는 의미가 될 수 있다.

중앙은행의 채권 매수나 매도도 달러 가치의 추세를 가늠할 중요한 지표라고 할 수 있다. 연방준비제도는 채권 매수를 지속하고 있는가? 또 통화 공급을 더욱 확대하고 있는가? 아니면, 유가 증권을 매도함으로써 본원 통화를 축소하고 있는가? 답은 연방준비제도의 대차대조표에서 확인할 수 있다.

연방준비제도의 대차대조표 파악하기

중앙은행의 자산과 부채는 '통계 발표statistical release'(H.4.1 보고서라고도 한다)에 게시된다. 또한 연방준비제도는 매주 목요일 공식 웹사이트에 통계 수치를 발표한다. H.4.1 보고서는 유통되는 통화량뿐만 아니라 유가 증권, 금, 외화, 그 외 자산에 대한 보유량이 요약되어 있다.

통계 자료에는 시장에 넘치는 유동성을 흡수하기 위해 활용하고 있는 역RP에 관한 정보도 포함되어 있다. '예금기관의 지급준비금 잔액에 영향을 미치는 요인들Factors Affecting Reserve Balance of Depository Institutions' 항목까지 스크롤을 내려서 '환매 조건부 채권reverse repurchase agreements'에 관한 자료를 살펴본다.

통화 공급 정보를 얻으려면

연방준비제도 웹사이트에서 발표되는 '통화 지표Money Stock Measures, H.6'는 통화량의 크기와 변동 상황을 자세히 보여준다. 이를테면 얼마나 많은 통화가 유통되고 있는지, 은행의 지급준비금에 얼마나 많은 통화가 있는지 등을 알 수 있다.

통화지표 'M'에 대한 빠른 이해

통화량을 측정하는 각종 통화지표는 'M'이라는 단어로 분류된다. 핵심 지표는 다음과 같다.

'M1(협의 통화)'은 유동성이 가장 높은 금융 상품으로 구성된 통화다. 통화, 여행자 수표, 요구불 예금, 저축성 예금, 기타 수표 발행 가능 예금이 M1에 포함된다.

그다음 통화지표인 'M2(광의 통화)'는 M1에 10만 달러 미만의 정기 예금을 더한 것, 소매 금융 시장의 뮤추얼 펀드 잔액이 포함된다.

'M3'는 M2에 대형 정기 예금, 기관의 MMF(머니 마켓 펀드), 단기 환매 조건부 채권(레포) 그리고 더 규모가 큰 유동 자산을 포함한 통화지표다.

인플레이션의 측면에서 가장 중요한 지표는 '본원 통화'로 알려진 'M0'으로 은행의 지급준비금에 더해 유통되는 통화로 구성된다.

통화와 관련한 또 다른 지표인 통화 유통 속도velocity of money는 통화가 얼마나 빨리 회전하는가를 보여준다. 하이퍼인플레이션 상황에서는 사람들이 가치가 점점 떨어지는 통화를 급히 정리하려고 해서 통화 유통 속도가 급속히 빨라지기도 한다. 그러다 인플레이션이 잦아들거나 낮아질 때에는 감소한다. 세인트루이스 연방준비은행의 웹사이트에서 통화 유통 속도를 비롯한 여러 통화지표를 확인할 수 있다.

정부 부채는 어떠할까?

정부 재정이 불안정해질 때, 통화 가치도 마찬가지로 불안정해진다. 엉클 샘의 연방 부채 부담 규모는 정부의 차입과 화폐 발행에 대한 필요성을 평가할 때 유용한 정보가 된다. GDP 대비 연방정부 부채 비율은 얼마일까? 정부는 채권에 대한 이자를 지급하기 위해 얼마나 많은 자금을 차입하고 있을까? 국무부와 세인트루이스 연방준비은행 등 여러 사이트에서 관련 통계를 공개한다.

퍼즐을 완성할 마지막 조각은 정부의 지출 계획이다. 언론은 어떻게 보도하고 있는가? 워싱턴이 수십 조 달러 규모의 지출 법안을 통과시킬 것으로 보일 때, 요컨대 화폐 발행을 확대하여 자금을 조달할 것으로 보일 때, 달러 가치가 하락할 것이다. 현재 논의 상황은 어떠한가? 정치인들은 어떤 발언을 내놓고 있는가? 현재 경제 상황과 정치 환경은 어떠한가? 예를 들면, 경기가 둔화할 때 연방준비제도는 달러를 더 많이 찍어내 경기를 부양해야 한다는 압박을 받는다.

미국 의회예산국CBO의 웹사이트에서 확인되는 예산 추정치로 정부 재정 지출이 미칠 영향을 이해할 수 있다. 그런데 이런 추정치는 논란이 많은 경제 모델에 근거한다.

추정치에서 각각의 수치는 그 자체로는 별 의미가 없다. 그 수치들을 종합해서 볼 때 몇 달 내 달러 가치의 추세를 예측할 수 있다.

포트폴리오를 재조정해야 할까?

앞선 내용들은 우리의 투자와 관련해 어떤 의미가 있을까? 이 물음을 고찰해야 하는 이유는 갈수록 위태로워지는 지금의 시기에 새로운 위기가 도래하고 있기 때문이다.

'균형 잡힌' 투자 포트폴리오라고 하면 주식 60%와 채권 40%

로 구성되어야 한다는 것이 일반 통념이다. 60대 40의 비율은 위험과 수익 간 최적의 비율이라고 여겨진다. 주식은 위험성이 높고 성장성이 좋은 반면, 채권은 위험성이 낮아 안정적이고 고정된 수익을 제공한다. 그러나 인플레이션은 이런 논리를 완전히 뒤집는다.

인플레이션이 고정된 수입을 잠식할 때, 채권이나 장기 양도성 예금 증서CD등 고정된 수익이 나오는 투자 상품은 피해야 한다. 그렇다고 급하게 주식 투자에 달려들어야 한다는 뜻은 아니다. 대체로 가치가 유지되거나 상승하는 투자 상품에는 부동산, 특히 금 같은 귀금속 등의 경질 자산이 포함된다. 지금부터 의사 결정에 도움이 될 만한 지침을 살펴본다.

주식: 가치가 상승하지만
항상 성장하지는 않는 자산

주식

주식은 오랫동안 '인플레이션 헤지 자산'으로 평가되었다. 사실일까? 답은 '어느 정도는 그렇다'이다. 이는 인플레이션이 경기 호황 속에서 시작된다는 사실에서 어느 정도 기인한다. 일부 업종의 대기업들은 정부가 새로이 자금을 창출한 덕에 이득을 본다. 사람들은 인상된 임금을 지출하고 기업들은 매출이 증가하여 돈을 긁어모은다. 통화 가치가 하락하면 장기 부채의 부담이 줄어든다. 이렇게 '비합리적으로 과열된' 환경에서 주가가 끝이 보이지 않게 상승하는 것처럼 보일 수 있다. 하지만 때때로 이런 현상은 화폐 착각이다.

물가가 실제 가치가 아니라는 사실을 잊지 말아야 한다. 숫자를 좀 더 눈여겨보면 다른 그림이 보일 것이다. 인플레이션을 고려할 때, 경제 및 기업의 성장률(그리고 주식의 실제 가치)이 둔화하거나 실제로 하락할 것이다.

통화가 안정적일 때 주식 시장이 보통 반등하지만, 이는 수년에 걸쳐 일어나는 일이다. 그 사이에 어떻게 하면 손실을 최대한 줄일 수 있을까?

상품과 상품선물

상품commodities의 가격은 흔히 통화 가치가 하락할 때 상승한다. 인플레이션 시기에 대개 석유, 밀, 귀금속이 자산을 지키기 좋은 상품으로 평가받기 때문이다. 그렇지만 귀금속을 제외하고 석유 같은 원자재를 일반인이 직접 구매하기는 쉽지 않다. 보관 시설을 갖추고 상품을 인수할 여건을 갖춰야 가능한 일이다.

상품선물commodities futures은 매우 투기성이 높아서 경험이 부족한 투자자들에게 적합하지 않다. 선물 투자가 위험한 이유는 부채를 떠안고 감당하기 어려운 상황에 쉽게 놓일 수 있기 때문이다. 상품선물에 투자하는 상장지수펀드도ETF도 개발되었는데,

선물계약의 단기적 속성 때문에 다소 문제가 있다. 가령, 90일 후에 옥수수 같은 새로운 선물계약을 높아진 가격에 매입해야 하는 상황이 벌어질 수도 있다. 달리 말해서, 선물 거래는 주식 거래와는 차이점이 있다.

원자재 기반 주식

인플레이션 헤지 수단으로 원자재에 투자하려는 사람들이 보통 원자재 생산자의 주식을 매수하는 형태의 투자를 한다. 그런데 이런 주식은 원자재 자체에 직접 투자할 때보다 가치가 상승하지 않는다. 일례로 1969년에서 1980년까지 석유 가격이 배럴당 3달러에서 40달러로 치솟았다. 한편으로 같은 기간에 세계 최대 석유기업 엑손Exxon의 주가가 2배 가까이 상승했다. 엑손은 주식 시장에서는 전반적으로 뛰어난 실적을 올렸지만, 석유 시장이나 금 시장의 오름세와 비교해서는 확연히 낮은 실적을 올렸던 셈이다.

기억해야 할 사항은 이와 같은 주식의 성장 추세가 대부분 초기에 강하게 나타난다는 점이다. 주식 가치의 상승세는 인플레이션이 비용을 늘리면서 결국 둔화한다. 게다가 현금이 두둑해진 경영진이 자본을 잘못 할당하는 일이 자주 일어난다.

좋은 예가 있다. 엑손은 1981년 자일로그Zilog라는 마이크로프로세서 생산업체에 거의 10억 달러를 투자했다. 유전 서비스 업체 슐룸베르Schlumberger가 1979년 반도체 제조업체 페어차일드Fairchild를 인수한 선례를 따른 것이다. 그런데 어느 투자도 좋은 실적으로 이어지지 않았다. 그런데 몇 년 후 자일로그의 한 고위 임원은 엑손이 자일로그에 '너무 많은 돈을' 지원했기 때문에 인텔Intel의 자리를 뺏지 못했다고 고백했다.

금광 회사들은 원자재 기반 주식과 관련한 일반 법칙에서 놀라울 만큼 벗어난다. 이 회사들의 실적은 최근 몇 년간 금 투자에 비해 저조했다. 금광 회사보다 더 나은 투자처는 금광 회사에 자금을 제공하는 '금광 관련 로열티 회사'다. 이런 회사의 주가는 금 가격의 상승세를 따라간다. 사실상 이런 회사들은 금에 대한 투자 실적보다 훨씬 더 나은 실적을 기록했으며, 장기간에 걸쳐 자금을 제공했던 금광 회사들을 실적에서 능가했다. 이런 유형의 회사 중 가장 규모가 큰 회사가 프랑코-네바다Franco-Nevada이다. 이 이외에 로열 골드Royal Gold, 샌드스톰 골드Sandstorm Gold, 오시스코 골드 로열티스Osisko Gold Royalties 등이 이 부문에서 활동하고 있다.

원자재 기반 ETF

위험을 분산하고자 할 때 ETF는 또 다른 대안이 된다. 특정 산업의 기업군에 투자할 수 있기 때문이다. 일례로 석유 및 가스 생산 업체들이 포함된 에너지 관련 ETF 상품이 있다. 그 외에 광업과 농업에 투자를 집중하는 ETF 상품들도 있다.

고수익 주식 찾기

인플레이션이 발생했다면, 개별 주식을 선택할 때 평소와는 달리 사고를 전환해야 한다. 그래서 워런 버핏Warren Buffet은 이렇게 지적했다. "기업의 재무제표에 보고된 이익은 더 이상 주주들의 실질 이익 여부를 결정하는 지배적인 변수가 아니다." 기업은 강력한 이익 성장세에 있을 수 있다. 그런데 재고나 장비와 관련된 가격이 급등하는 상황에 대비한 충분한 현금흐름이 있을까? 마진율이 낮은 기업은 생산비가 상승할 때 어려움에 빠질 가능성이 더 크다. 인플레이션 시기에는 수치에 기업의 실제 손익이 제대로 반영되지 않는다.

이런 점에서 개인 투자자들은 기업이 인플레이션으로 인한 비용 상승을 어떻게 극복하는지 고려해야 한다. 예컨대, 코카콜라가 1970년대에 비교적 잘 버텼던 이유는 설탕과 물, 향신료를 제품의 원료로 사용했기 때문이다. 브랜드의 강세 덕분에 코카콜라는 높은 마진으로 제품을 판매할 수 있었다.

가격 결정 능력이 얼마나 될까?

더불어 늘 주지해야 할 사항이 있다. 기업이 가격을 인상하고 소비자들에게 인상된 가격을 전가하는 일이 얼마나 수월한가? 가격이 규제되는가? 소비자들이 흔쾌히 인상된 가격을 지불할 가능성이 얼마나 되는가? 강력한 브랜드를 가진 기업은 가격을 인상해도 제품 수요가 감소하지 않아서 '가격 결정 능력'으로 인플레이션에 잘 대처할 수 있다.

소비자들의 의존도가 높은 소비재 품목 생산 업체를 생각해 보자. 이를테면, 식품이나 화장지를 생산하는 업체들은 제품의 가격을 쉽게 올릴 수 있다. 반면에 확장을 위해 차입에 의존하는 업체는 문제에 직면할지도 모른다. 그러므로 일반적으로 설비와 장비의 현대화 등의 이유로 막대한 현금이 필요하거나 상품의 가격이 규제되는 기업을 피하는 것이 좋다.

고배당 주식

안정된 배당이 지급되는 주식은 괜찮은 수익이 끊긴 채권을 대체하기에 좋은 상품이다. 스탠더드앤드푸어스Standard & Poor's는 25년 연속 배당을 늘려온 '배당 귀족Dividend Aristocrats' 종목 목록을 매년 발표한다. 이 목록에는 5.71%라는 매우 높은 배당수익률을 기록한 엑손모빌ExxonMobil, 2.41%의 배당수익률을 기록한 크로락스Clorox, 2.57%의 배당수익률을 기록한 프록터앤드갬블Procter&Gamble 같은 종목들이 포함된다. 이 종목들은 흥미로운 성장주는 아니다. 그래도 안정된 수입이 부족한 화려함을 메꿀 수 있다. 또한 이 종목들이 우리가 지나온 위기들을 모두 극복했을 만큼 오랫동안 자리를 지켰다는 사실에 안심할 수 있다.

단기와 장기 구분하기

장기간 투자하는 은퇴 포트폴리오, 그보다 좀 더 위험성 높은 비은퇴 포트폴리오, 이 두 유형의 포트폴리오를 구분해야 한다. 은퇴 계좌에는 정기적으로 자금을 적립해야 한다. 그러면 소위 달러 평균 원가법*으로 이익을 얻는다. 이를테면, 광범위한 분산 투자를 하는 저비용의 인덱스 펀드에 매달 일정한 금액을 투자한다. 경기가 불황이라 해도 투자를 멈추지 말아야 한다. 주식이 늘어날수록 수익도 늘어난다는 사실을 위안으로 삼는다. 보통 별로 기대를 하지 않았을 때 꼭 시장이 반등한다. 그러면 수익이 늘어나는 뜻밖의 즐거움이 따른다.

은퇴 포트폴리오와 관련해서는 S&P500 종목 등 광범위한 종목에 투자하는 인덱스 펀드에 계속 투자하는 것이 바람직하다. 적극적인 관리가 필요한 전문화된 인덱스 펀드는 멀리하는 것이 가장 바람직하다.

현금? 그래, 현금이야

이 말의 의미가 바로 이해되지 않을지도 모른다. 사람들은 이렇게 걱정할 수도 있다. 돈의 가치가 조금씩 깎이지 않을까? 2008년 금융 위기 당시 시장이 참혹하게 하락하는 모습을 목격했듯이, 그런 위기가 포트폴리오에 악영향을 미치지 않을까? 다른 무엇보다 이런 이유로 인플레이션 시기에는 주식에 더해 현

◆ 달러 평균 원가법: 주가에 관계없이 장기간에 걸쳐 일정 기만마다 동일한 금액을 투자하는 증권 투자 기법.

금을 보유해야 한다. 주식의 가치가 하락하는 상황에 직면할지도 모르는데, 손실을 보면서 주식을 팔지 않고 비상사태에 대비해 현금을 보유하는 편이 낫다.

지금처럼 기준 금리가 제로인 시기에는 현금을 비축해 봐야 별로 이익이 되지 않을 것처럼 보인다. 하지만 금리는 결국에 올라가기 마련이다. 인플레이션 시기에는 일반적으로 금리가 인상된다는 점을 잊지 말아야 한다. 이는 주식과 채권에 매우 부정적인 영향을 미친다. 인플레이션으로 고통받았던 1970년대에는 금리가 인상되자 현금을 보유한 사람들이 많은 이자를 벌었다. 인플레이션 상황은 주식에 심각한 타격을 입혀 저평가 단계까지 하락시킬 수 있다. 때문에 현금을 보유하고 있으면 가격이 낮아진 좋은 주식을 매수할 기회가 된다.

비은퇴 포트폴리오

보다 큰 위험을 감수해야 할 영역이다. 비은퇴 계좌에서 원자재 관련 주식을 운용하는 사람도 있을 것이다. 선택한 성장 기업의 종목은 아마존이나 구글처럼 인플레이션을 잘 극복할 것이다.

걱정하지 않아도 된다. 주식은 타격을 입었다가도 늘 다시 회복하기 마련이다. 주식 시장은 1세기 넘게 연평균 9%가 넘는 수익률을 기록했다. 2007년에서 2009년 금융 위기 당시에는 주식 시장이 50% 이상의 가치를 상실했다. 그러다 2014년에 주식은 반등했을 뿐 아니라 저점에서 3배가량 상승했다. 인플레이션은 주식에 좋지 않은 영향을 미치겠지만, 주식을 저렴하게 매수하기에 딱 좋은 시기가 될 수도 있다.

SPAC

엄청나게 유행한 투자 기구인 '기업 인수 목적 회사'는 스팩SPAC으로 더 잘 알려져 있다. SPAC은 투기성 도구로 기업이 공식적인 기업공개IPO를 거치지 않고 우회 상장하는 통로의 역할을 한다. SPAC은 전망 있는 기업을 인수하기 위해 자금을 모집한다. 그래서 투자자들은 SPAC이 인수를 진행하기도 전에 투자하는 셈이다. 달리 말해, 투자자들은 SPAC의 관리자들이 괜찮은 투자처라고 전망하는 '가능성'에 투자하는 것이다. 한편, SPAC 관리자들은 일이 잘 풀리지 않아도 짭짤한 수수료를 챙긴다. 신중한 투자를 진행하라는 조언을 하고 싶다. 철저히 알아보고 준비해야 한다.

채권: 유행이 바뀐 상품

1970년대 말의 고금리 시기에는 정부와 지자체, 시 당국이 발행한 채권이 인플레이션에 직면해 안정된 비과세 소득을 벌어들이는 상품으로 유행했다. 그러나 인위적으로 금리를 낮추는 지금의 시대에는 유행이 달라졌다.

이자율이 2.4%인 10년 만기 국채를 매입했다고 가정해 보자. 만약 연방준비제도가 금리 인상을 결정하여 장기 금리가 4.8% 까지 올라간다면, 어떤 일이 일어날까? 지급하는 이자율이 고정 되어 있어 시중 금리가 상승하면 채권의 가격이 하락한다. 결국 에 채권 가치의 절반 정도가 사라진다. 제로 금리 환경에서는 단 기 채권에서도 충분한 수익이 나오지 않는다.

TIPS에 관한 몇 가지 조언

이런 현상을 완화하는 노력의 일환으로 1990년대 말 미국 연 방정부는 인플레이션을 회피하는 상품인 TIPS 물가 연동 채권◆를 발 행했다. 채권의 원금(매수하거나 매수할 때의 가치)이 6개월마다 물가 상승률에 따라 조정되도록 한 것이다. 가령, 이자율이 1% 인 10년 만기 TIPS를 1,000달러에 매수했고, 그 동안의 물가 상 승률이 평균 7%라고 가정해 본다. 그렇다면 채권이 만기에 도달 하면, 1,000달러가 아니라 2,000달러의 원금을 받는다. TIPS의 이자율은 고정되어 있다. 채권의 원금이 물가 상승률에 연동되 기 때문에 그에 따라 지급되는 이자도 늘어난다.

TIPS는 종종 인플레이션 헤지 수단으로 추천된다. 그렇지만 TIPS는 현재 가격이 매우 높아서 물가 상승률이 아주 높을 때 투 자 효과를 볼 수 있다.

◆ 물가 연동 채권: 원금 및 이자 지급액에 물가 상승률이 반영된 채권.

부동산: 몇 가지 경고

부동산은 인플레이션 시기에 투자 상품으로 인기를 끄는 '경질 자산'이다. 일반적으로 많은 가구가 주식이나 채권, 또는 금보다 주택에 더 큰 자금을 투자한다. 주택은 통화 가치가 하락할 때 가격이 상승하는 효과도 있고 주거하는 용도로도 이점이 있다. 그렇다고 단점이 없다는 말은 아니다.

1970년대에 주택 가격은 148%나 상승했다(금이나 석유보다 가격 상승률이 훨씬 더 낮았어도 상당한 이익이 창출되었다). 1968년 가격이 4만 달러였던 교외 주택이 10년간 대 인플레이션을 거친 후 15만 달러가 되었다. 해당 주택을 구매한 사람들은 단 3만 달러를 대출하여 그 모든 자산을 소유하게 되었다. 그 당시 교외 주택 거주자들은 확실한 성공을 거둔 셈이다.

주택 투자는 인플레이션 시기에 또 다른 이점이 있다. 화폐 가치가 하락할 때 일정한 장기 모기지 약정에 대한 부담이 시간이 갈수록 경감된다. 인플레이션으로 인해 임금이 오르면, 고정된 대출 이자가 낮아 보인다. 미국이 금 본위제를 폐지한 이후 50년간 최대의 주택건설 붐이 세 차례 있었다. 1973년, 1979년, 그리고 2000년대 초반의 주택 거품은 모두 인플레이션 시기에 발생했다.

틀림없는 투자가 역효과를 낼 때

그 모든 이점에도 불구하고 우리는 매우 현실적인 위험을 따져야 한다. 그래서 소득과 매매 가격을 고려하여 지불 능력을 벗어나는 투자는 하지 말아야 한다. 2000년대 초반에 주택에 투자했던 사람들을 생각해 보라. 당시 연방준비제도가 금리를 인상한 이후 주택 가격이 폭락했고 사람들은 그때부터 대출금을 갚지 못했다.

그 외에 주택을 관리하는 데 꽤 많은 비용이 들어간다는 점도 고려해야 한다. 주택을 소유하고 나서는 예기치 않게 대대적인 수리나 보수, 유지를 해야 할 부담을 떠안는다. 주택이 주식과는 매우 다른 유형의 자산이라는 점은 분명한 사실이다. 가치가 상승하는 값비싼 소비재로 주택을 생각해야겠지만, 그 가치가 확실히 보장된다는 법은 없다.

괜찮은 재융자의 기회

그럼에도 지금의 저금리 환경은 기존 주택 담보 대출의 금리를 낮출 기회가 될지도 모른다. 앞으로는 금리가 내려가지 않고 올라갈 가능성이 더 크기 때문에 고정 금리를 받도록 해야 한다. 대출 약정이 이후에 재융자refinance, 이하 Refi를 할 수 있는 조건이 되도록 해야 한다.

주택을 사서 임대를 하면 어떨까? 집주인이 되기란 결코 쉽지 않다. 임대용 부동산으로 사업을 하기로 했다면, 생계비가 상승하면 임대료도 함께 올라가기 때문에 인상분을 전가할 수 있어야 한다. 그런데 유감스럽게도 인플레이션 시기에는 보통 정부가 임대료를 규제한다. 그것이 재산에 미치는 영향은 재앙과 같다. 악몽 같았던 1970년대의 인플레이션 시기에 뉴욕시에서는 투자금을 회수하지 못해 절망한 주택 소유자들이 실제로 집을 불태워버렸다. 브롱스는 마치 전쟁터 같았다.

손쉬운 부동산 투자법

부동산으로 임대수익을 올리는 리츠REITs 주식에 투자하는 방법도 고려할 수 있다. 리츠는 법적으로 부동산 임대 수익의 90%를 주주들에게 배당으로 돌려주는 상품이다.

그러나 문제가 있다면, 리츠는 부채 부담이 높아 부동산 가치나 임대 소득이 낮아지면 변동성이 큰 투자가 될 수 있다는 점이다. 그래도 인플레이션으로 인해 부채 부담이 줄어들면 이익이 늘어난다. 수익률이 거의 8%나 되었던 2000년에 리츠는 매우 매력적인 상품이었다. 하지만 안타깝게도 그 이후로 많은 부분에서 변화가 있었다. 최근 들어서 리츠의 수익률은 평균 2%에서 3%를 사이를 맴돌고 있다.

리츠로 구성된 ETF 주식을 매수해도 된다. 뱅가드 부동산 투자 ETFvNQ와 아이셰어 글로벌 리츠 ETFREET 외 다양한 인기 리츠ETF가 있다.

또한 다양한 유형의 리츠 상품이 있다. 목재 리츠는 목재를 수

확하여 수익을 얻는 상품이다. 이 상품은 주택 건축 및 건설과 관련한 농업 상품의 유형에 속한다. 최대 규모의 3대 삼림지 리츠로 와이어하우저 Weyerhaeuser Company, 레이오니어 Rayonier, 포틀래치 델틱 PotlatchDeltic이 있다.

농지를 임대하는 몇 개의 리츠 상품도 등장했다. 농지 임대 수익은 대개 장기간에 걸쳐 농업 상품의 가격을 반영한다. 이 상품군은 앞으로 확대되고 농업 상품에 투자하는 흥미로운 방법이 될 것이다. 미국 농장 리츠로는 글래드스톤 랜드 Gladstone Land와 팜랜드 파트너스 Farmland Partners가 대표적이다.

상업용 부동산은 어떨까?

또 다른 투자 상품군으로 사무실 건물, 창고, 쇼핑몰 등이 있다. 거듭 강조하지만, 사전에 자세히 조사해야 한다. 앞서 언급했듯이, 경질 자산은 전통적으로 인플레이션을 방어하는 헤지 수단으로 꼽혔다. 그렇다고 모든 경질 자산이 다 그렇다는 의미는 아니다. 상황에 따라 고려해야 할 것들이 있다. 예컨대, 뉴욕과 샌프란시스코 같은 도시에서는 상업용 사무 공간에 대한 공급이 심각하게 과잉된 것처럼 보인다. 한편, 대규모 소매점들이 온라인 쇼핑의 성장세로 인해 타격을 입었다. 그와는 대조적으로 온라인 시장이 급속도로 확대되어 아마존과 월마트 같은 기업을 대상으로 물류 창고업 투자가 급증했다.

금과 귀금속

금을 소유한다고 하면, 금화 상자 옆에서 왕좌에 앉아 있는 미다스의 이미지가 떠오른다. 금은 투자 수단이라기보다는 인플레이션을 방어하는 헤지 수단이라고 할 수 있다. 포트폴리오의 10%를 금에 투자하라는 것도 다 그런 이유 때문이다. 금 가격은 오르겠지만, 아마존이나 애플에 투자할 때와 달리 실질 가치가 오르지 않는다.

보통 금괴에 대한 투자는 특별히 흥미로운 부분은 없다. 금에서는 배당도 나오지 않고 현금 흐름도 없다. 금의 주요한 특징이자 가장 큰 이점은 바로 안정성이다. 그런데 달러 가치가 하락하는 시기에 금 가격은 올라간다(상당히 많이 올라간다).

금에 낮은 비율의 투자를 하는 것은 달러의 약세에 대한 방지책이다. 일례로, 1960년대 말 시작된 인플레이션 시기에 금 가격은 온스당 35달러였다. 반면에 최근 금 가격은 온스당 1,800달러가 되었다. 이는 그 이후로 달러 가치가 98% 정도 하락했다는 근거다. 달리 말해서, 달러 가치가 하락할 때 금의 가치는 변동하지 않고 유지된다.

금 사는 방법

APMEX(apmex.com)이나 SD 불리온(sdbullion.com) 같은 온라인 소매 업체에서 금화와 금괴를 사고팔 수 있다. 금을 구매하고자 한다면, 여느 투자와 마찬가지로 금 가격을 유의해서 주시해야 한다. 인플레이션이 진정되어 통화 가치가 안정화될 때(소비자물가지수가 계속 상승할지라도) 금 가격은 만족스럽지 않을 것이다. 1982년 여름 온스당 800달러를 넘어갔던 이 노란색 금속은 연방준비제도가 인플레이션을 잡자 온스당 300달러도 안 되는 수준까지 추락했다. 이후 20년간 금 가격은 평상시에 온스당 350달러에서 400달러 사이를 왔다 갔다 했다. 어느 시점이 오면, 금을 팔고 다른 상품에 투자하는 편이 합리적일지도 모른다. 인플레이션 시기가 지나가고 나면, 주식 같은 자산의 가격이 떨어질 수도 있다.

금을 특별히 믿을 만한 현금 같은 것으로 생각할 수도 있다. 금이 수 세기 동안 화폐의 역할을 한 사실도 있다. 그런 현금을 이용해 생산적인 자산을 아주 괜찮은 가격에 구매할 기회가 있을 것이다.

은

은은 한때 금과 관계되어 꽤 안정된 가치를 유지했다. 1800년대 후반 이래 금 1온스가 대략 은 16온스의 가치가 되었을 때 금과 은의 오랜 연계성이 깨져버렸다. 금이 여전히 현금과 같은 가치가 있는 반면에 은은 산업재로 쓰이는 금속이자 투기성 수단이 되었다. 오늘날 70온스 이상의 은이 있어야 금 1온스를 살 수있다. 이런 상황이지만, 은은 특정한 상황에서는 인플레이션 헤지 수단이 될 수 있다. 2020년에 그랬던 것처럼 금 대비 은의 가치가 역대 최저가로 떨어졌을 때 은을 구매하면 가장 좋다. 은은 여전히 다소 모호한 금전적 특성을 유지하고 있다. 은은 대부분의 원자재와 달리 쉽게 구매하여 금고에 보관할 수 있다. 은은 또한 부식되거나 녹슬지 않는다. 하지만 금이 변함없고 예측할 수 있는 특성이 있다면, 은은 길들어지지 않은 특성을 가지게 되었다.

귀금속 ETF

금과 은은 모두 직접 금고에 보관하지 않고 ETF를 통해 구매할 수 있다. 안타까운 일이긴 하지만, 가장 유행하는 ETF 중 일부가 실제로 제시한 그 모든 금속을 보유하고 있는지를 두고 일부에서 논란이 벌어졌다. 그래서 귀금속 ETF에 투자하고자 한다면, 가장 신뢰할 수 있고 믿을 만한 회사에서 내놓은 ETF가 무엇인지 잘 따져 보아야 한다.

기타 유형 자산

종종 인플레이션 기간에 투자 자산으로 '대체 투자'라 불리는 것들이 홍보된다. 미술품, 우표, 골동품, 기타 수집품 등 유형 자산이 대체 투자에 포함된다. NFT 또는 대체불가토큰non-fungible token도 이 범주에 새로이 진입했다. 블록체인 기반 디지털 자산은 미술품이나 부동산 등 특정 자산의 소유권을 부여한다. 캐나다 싱어송라이터 그라임스Grimes 같은 유명인들이 발행한 NFT가 폭발적 인기를 얻었다.

하지만 이런 대체 투자의 문제점은 자산을 묶어두기에 위험성이 높다는 것이다. 미술품과 골동품의 가치는 변덕스러운 대중의 취향에 따라 달라진다. 그래서 이런 품목들이 늘 쉽게 현금으로 전환되지 않는다는 사실을 잊으면 안 된다(환금성이 낮다). 인플레이션으로 인한 '무엇이든 사들이려는' 열기가 가격에 반영되는 현상은 말할 것도 없다. 대표적인 예로 일부 NFT는 가격이 천문학적으로 치솟았다.

암호화폐 투자는 어떨까?

비트코인Bitcoin, 이더리움Ethereum, 도지코인Dogecoin 등의 암호화폐는 전통 화폐의 대체물로서 입지를 다져왔다. 일론 머스크Elon Musk 같은 기술 분야 공상가들이 암호화폐를 요란스럽게 지지하는 축에 속한다. 머스크의 테슬라Tesla, 또 페이팔Paypal 같은 기업들은 다른 기업들보다 앞서 암호화폐를 결제 수단으로 선택했다. 한편, 암호화폐 지지자들은 엘살바도르가 비트코인을 법정 통화로 지정한 실험이 얼마나 잘 진행되는지 관심 있게 지켜보고 있다. 그렇지만 지금까지 일상에서 상업적 목적으로 암호화폐를 사용하는 사람은 거의 없다. 암호화폐가 일부 응용 프로그램에서만 결제 시스템으로 작동하는 것도 이유이지만, 거의 모든 암호화폐가 신뢰할 만한 화폐가 아니기 때문이다. 적어도 아직은 아니다.

앞에서 설명했듯이, 돈은 시간을 측정하는 시계 또는 무게를 측정하는 저울과 같이 측정이 그 본질인 도구다. 암호화폐가 다른 도구들처럼 기능하려면 그 가치가 안정되어 보여야 한다. 현재 암호화폐 대부분은 그렇지 않다. 암호화폐는 애초에 불안정한 화폐의 대체물로 개발되었을지도 모른다. 그렇지만 지금 암호화폐들이 더 불안정하다. 비트코인은 하루아침에 그 가치가 절반으로 폭락한 전적이 한 번이 아니다.

사실상 롤러코스터 같은 디지털 통화에 투자한 소수의 사람이 괜찮은 성과를 거두었다. 반면에 비 인플레이션 시기에 암호화폐는 인플레이션이 정복되었던 1980년대 초 석유 가격이 폭락했던 것처럼 완전히 곤두박질쳤다. 암호화폐는 잠재력이 엄청난 혁신이라고 할 수 있다. 그렇지만 진정으로 건전한 화폐가 되기까지는 투기성 높은 자산에 불과하다. 암호화폐의 가치는 상승할 가능성도 있고 하락할 가능성도 있는데, 그 이유는 이것이 '투기성 자산'이기 때문이다. 암호화폐는 아직 주식이나 채권, 또는 둘 다에 대한 진정한 대안은 아니다.

최근 '스테이블코인'이라는 새로운 범주의 암호화폐가 등장했다. 스테이블코인은 달러나 금, 바스켓 상품과 같은 특정한 자산에 고정되어 있다. 이런 암호화폐의 투자 잠재성은 연계된 자산에서 드러나며 대개 상당히 제한되어 있다. 가장 잘 알려진 스테이블코인으로 테더 Tether가 있다. 비트코인과 비교해 테더는 비교적 안정된 달러에 연계된 이점이 있다. 디지털 통화의 상대적인 안정성은 2021년 해당 통화의 유통량이 3배 이상 늘어난 이유를 보여주는 것 같다.

그렇지만 이런 성공과 더불어 암호화폐가 늘 지급 금액과 맞아떨어지지 않는다는 우려가 커졌다. 대표적인 사례로, 테더는 충분한 지급준비금을 보유하고 있지 않다는 의심을 받았다. 하루빨리 해소되어야 할 문제다. 테더를 비롯한 스테이블코인은 제3의 기관에 의해 통제되고 쉽게 확인되는 자산으로 보장되어야 한다. 다시 말해, 투명해야 한다. 스테이블코인이 정말로 안정된 통화라는 신뢰를 얻는다면, 사용자가 늘어나기 시작할 것이다. 그러다 달러와 같은 법정 화폐와 경쟁하기 시작해 금과 같은 인플레이션 헤지 수단이 될 것이다.

인플레이션이 끝날 때 해야 할 일

그렇다. 인플레이션은 끝난다. 1970년대에 사람들은 물가 상승이 영원히 계속되리라 생각했다. 그러나 폴 볼커가 달러를 안정화하자 결국 달러 가치의 하락세가 멈췄다.

이런 일이 일어나는 시점을 어떻게 알 수 있을까? 금 가격이 하락하거나 잠시 유지된다면, 달러가 안정화하기 시작했다고 볼 수 있다. 그런데 이 대목에서 매우 중요한 물음이 제기된다. 달러의 안정성은 지속할까, 아니면 일시적일까? 답은 정치 환경에 따라 달라진다. 정책 입안자들은 안정된 달러의 필요성을 깨달았을까? 2000년대 초반에 경험한 바와 같이 안정화하는 시기가 지나면 또 통화 가치가 하락하는 시기가 뒤따른다.

시장이 올바른 방향으로 돌아가고 화폐가 안정되고 있을 때 포트폴리오를 다시 검토해야 한다. 달러 가치가 하락했을 때 투자했던 원자재 관련 자산은 상승세를 멈추거나 심지어 폭락할 것이다.

폴 볼커가 대 인플레이션을 종식했을 때 고통스러운 디플레이션이 뒤따랐다. 그에 따라 1980년 배럴당 37달러였던 석유 가격이 결국에 1986년 배럴당 14달러 정도로 추락했다. 레이건이 1980년 대통령에 선출되었을 때, 금 가격은 온스당 650달러였다. 그러다 볼커의 조치로 금은 온스당 300달러까지 떨어졌다. 당시 석유나 금에 투자를 고집했던 사람들은 심각한 손실을 떠안았다.

인플레이션이 끝나는 시점이 원자재 자산을 매각할 때이다. 금 채굴 관련주가 최고점에 도달했을 시점으로 볼 수 있어 바로 매각을 진행해야 한다. 한편, 과잉 투자가 과잉 공급으로 이어져 원자재 생산 업체들은 실적이 매우 나쁜 시기를 겪게 된다. 그래서 금을 팔고 가치가 안정화되었거나 증가할 가능성이 있는 채권이나 현금을 확보하는 것이 합리적이다.

더불어 인플레이션의 끝은 새로운 기회를 의미한다. 통화가 하락세를 멈춘 이후에도 물가가 몇 년간 계속 상승할 가능성도 있다. 그런데 '인플레이션의 뒷바람'에 따른 물가 상승은 새로이 안정화된 통화에서 비롯된 매우 실질적인 가치 상승을 가릴 수도 있다. 이는 사실상 화폐 착각이 정반대로 일어난 현상이다. 이 상황에서 주식뿐만 아니라 채권의 실질적인 성장을 실현할 수 있다.

금융주 살펴보기

한 국가가 극심한 인플레이션에서 벗어날 때, 보통 가장 좋은 실적을 올리는 기관 중 하나가 은행이다. 사람들이 평가 절하된 현금을 최소화하는 경향이 그 이유다. 그럼에도 경제가 회복되면, 금리가 매우 높게 인상될 수 있다. 또한 현금이 부족한 사람들과 기업들이 대출을 절실히 필요로 할 수 있다. 게다가 은행의 자기자본이익률returns on equity, 이하 ROE이 세 자릿수를 기록할지도 모른다. 이는 1990년대의 하이퍼인플레이션 이후 동유럽에서 흔히 볼 수 있는 현상이었다.

투자자들은 또한 인플레이션에서 벗어난 후 기업들이 새로운 도전에 직면할 수 있다는 점을 인식해야 한다. 인플레이션이 채무자들에게 유리하다고 앞서 설명한 바 있다. 그런데 화폐가 안정화되었다는 것은 부채가 더는 부풀려지지 않는다는 의미다.

높은 이자율이 오래 유지되어도 채무자들의 대출 상환이 더 어려워질 것이다. 인플레이션 기간에 파산이 감소하듯이, 인플레이션이 끝날 때 기업들이 부채 재조정을 시도함에 따라 파산이 줄을 이을 수 있다.

예를 들면, 1980년대 미국은 인플레이션이 잡히자 경기가 호황을 누렸다. 그럼에도 농업과 에너지 부분은 고통스러운 진통을 겪고 나서야 회복되었다.

경제에 비추는 인플레이션의 밝은 전망

다행인 점은 과거에는 인플레이션이 잡힌 뒤 친시장 정책으로 돌아갔다는 사실이다. 통화를 안정화하는 과정에서는 일반적으로 세금을 낮추고 규제 부담 수준이 낮은 환경을 조성하는 등 경제 친화적 개혁도 시행된다. 이런 일은 1950년대 초반 일본과 독일에서 일어났는데, 루트비히 에르하르트, 이케다 하야토Ikeda Hayato, 조지프 도지 등이 세금을 내리고 안정된 화폐 개혁을 이끌어내 자국을 덮쳤던 전후 하이퍼인플레이션을 종식했다. 1950년에서 1970년까지 달러로 측정된 일본의 GDP는 평균 명목 GDP 성장률이 연간 14.9%를 기록하는 등 16배나 증가했다.

미국과 영국에서는 1970년대와 1980년대 초반의 대 인플레이션 이후 로널드 레이건과 마거릿 대처Margaret Thatcher의 세금 및 규제 개혁이 이어졌다. 전 세계 국가의 많은 지도자들이 두 사람의 사례를 본보기로 삼았다. 소비에트 연방까지도 자유 시장 경제로 변화를 도모했으나 그런 움직임은 1991년 15개 국가로 분열되는 것을 막기에는 너무 미약하고 효과가 없었다.

1990년대 동유럽에서는 하이퍼인플레이션이라는 재앙이 지나간 후 통화 신뢰성의 시대로 접어들었다. 또한 전 세계 20개국 이상이 채택한 '단일 세율' 소득세제는 엄청난 경제적 성과로 이어졌다. 이 제도를 선택한 국가들의 명목 GDP 성장률은 통화 가치의 안정과 함께 연간 20%가 넘는 수준에 도달했다. 이렇게 인플레이션 이후의 개혁으로 놀라운 강세장을 이르는 불마켓bull market이 형성되었다.

"불황은 또한 기회다"

– 워런 버핏

6장

번영으로
가는 길

The Way
Forward

이 책의 초반부에서 극심한 하이퍼인플레이션의 상징인 짐바브웨 100조 달러 지폐에 관한 이야기를 했다. '짐바브웨 달러'는 오래전부터 조롱거리가 되었다. 어쨌든 이 나라에서 그런 미친 짓을 누가 상상이나 할까? 자, 다시 생각해 보자.

엉클 샘의 연방 부채 더미가 점점 커진 상황에서 달러의 필요 또한 매우 커졌다. 그러자 2021년 일부 경제학자들이 1조 달러짜리 동전을 발행하는 아이디어를 제시했다. 1조 달러짜리 동전을 연방준비제도에 예치하면 정부 운영에 필요한 돈이 생긴다는 의견이었다.

이 제안은 무산되었으며 심지어 웃음거리가 되었다. "우리가 짐바브웨입니까?"라고 묻는 사람은 없다. 그럼에도 미래 인플레

일부 현대화폐이론 지지자들이 제안한
'1조 달러짜리 동전'

이션의 전망과 관련해 불행의 조짐이 매우 현실적으로 다가온다. 팬데믹의 여파로 타격 입은 상황의 회복을 늦추는 지금의 워싱턴 정책도 한몫한다. 세금과 규제, 불필요한 지출은 성장을 가로막는 장애물이 되고 있으며, 차입과 화폐 발행에 대한 엉클 샘의 부담이 갈수록 커지고 있다. 최근 중동의 긴장 악화에 더해 중국과 러시아의 경색된 관계가 새로운 갈등으로 이어져 세계 경제와 금융 체제가 영향을 받을 가능성도 있다.

2021년 말 연방준비제도의 제롬 파월 의장은 예상 밖의 급격한 인플레이션에 대한 대책으로 테이퍼링tapering(채권 매입 및 화폐 발행 축소)을 조금 서두르겠다고 선언했다. 하지만 최근 몇 년간의 과도한 돈 풀기를 고려할 때 한참 늦은 조치가 될 수 있었다. 게다가 팬데믹과 다양한 변종으로 인해 정부 정책이 어디로 향할지 알 수 없었다. 극좌파 진영은 현대화폐이론이라는 사회주의적 환상을 고수하고 '기후 변화'에 대응하기 위해 권한을 확대하라며 연방준비제도에 압박을 가했다. 이런 요구 때문에 중앙은행이 달러의 온전함을 유지해야 하는 고유의 사명에서 한층 더 엇나가고 있다.

이렇게 전개되는 과정에서 인플레이션의 종식과 관련해 특별히 좋은 징조는 하나도 없었다. 게다가 이런 장벽들이 인플레이션의 흐름을 인위적으로 억제하고 있었다. 앞서 살펴봤듯이, 국제 금융 규제로 인해 은행이 지급준비금으로 현금의 양을 늘려야 했다. 이로써 연방준비제도가 지난 몇 년간 경이로울 정도로 화폐를 발행했어도 경제가 압도되지 않았다. 역레포(채권을 담보로 빌리고 돌려주는 거래)는 어떠한가? 그 덕분에 통화 공급이 급증하지 않았다(적어도 이론상으로 그러했다). 관찰자들은 조만간 이 장벽들이 무너져 인플레이션이 폭증할 것이라고 우려한다.

그럼에도 1970년대가 재현되지 않은 데에는 합당한 이유가 있다. 사실상 최근의 사건들이 전환점으로 증명될 가능성이 매우 높다(안정된 통화 체제인 금 본위제로 돌아가 인플레이션을 끝낼 수 있다는 논의를 개시할 수 있다).

그 이유 중 하나는 21세기는 1970년대와 다르다는 점이다. 과거에는 인터넷이나 케이블 TV 따위가 전혀 없어서 관련 주제를 파고들거나 끊임없이 논쟁하고 토론할 기회가 없었다. 그때를 돌이켜 보면, 휴대용 기기를 통해 속보를 실시간으로 확인하는 모습은 상상도 할 수 없었다. 당시 사람들은 매일 24시간 놀라운 소식을 접하는 삶을 살지 않았다. 오늘날 인플레이션에 관해서도 수십 년 전과는 전혀 다른 그림이 펼쳐진다. 지금 대중은 석유와 식료품 가격, 소비자물가지수 증가율에 관한 정보를 실시간으로 얻고 있다. 그리고 이렇게 얻은 정보를 40년 전에는 불가능했던 방식으로 처리하고 있다. 과거에는 관심조차 가지지 않았을지 모르지만, 지금은 개개인이 위험한 수준의 정부 지출이 자신들의 급여를 어떻게 갉아먹는지 경고를 듣고 있다. 열심히 학자금 대출을 갚고 있는 청년들은 엉클 샘이 계속 돈을 찍어내고 제로 금리의 공짜 돈을 차입해 자신들의 급여가 부풀려졌다는 사실을 이해하며 그런 현실에 우려를 표한다.

그 밖의 다른 현상도 나타나고 있다. 소셜 미디어가 부상하고 최근 팬데믹이 닥치면서 정부 관료들의 판단에 의문이 제기되었다. 그들의 SNS 글은 말할 것도 없고 계속 바뀌는 발언은 그들도 우리처럼 실수할 수 있는 사람이라는 점을 보여준다. 〈뉴스위크〉에 따르면 코로나19의 경험은 '미국 집권층의 신뢰성에 회복할 수 없는 타격을 입혔'다. 이는 공중보건 부문의 관료들뿐만 아니라 중앙은행의 관료들에게도 해당하는 이야기일 것이다. 소비자 물가지수가 계속 상승할 때, 사람들은 물가 상승에 대한 모호한 정당화를 간파하고 말이 안 되는 상황이라고 결론을 내린다.

또한 사회주의가 부상할까 염려하는 미국인들은 중앙은행 체제에 의문을 가질 것이다. 미국 중앙은행의 통화 및 금리 조절 방식이 위험할 정도로 소비에트 식 중앙 계획 체제의 방식에 가까운 탓이다. 어떻게 소수의 은행 관료들이 통화 정책을 만들어 3억 3,000명으로 구성된 미국 경제의 흐름을 효과적으로 통제할 수 있을까?

앞으로의 상황을 낙관적으로 봐도 될 여러 이유가 있다. 그중 하나는 정책 입안자들과 케인스주의자들이 절대로 이해하지 못하는 핵심 진리인데, 정부는 통화 가치를 평가 절하하겠지만, 사람들은 본능적으로 통화의 안정성을 추구한다. 이 점이 애초에 화폐가 발명된 이유라는 사실을 잊지 말아야 한다. 즉, 신뢰받고 변하지 않는 가치의 단위를 제공하는 것이다. 미국이 금 본위제를 포기한 후 유럽 국가들이 유동적인 명목 화폐의 위험성을 줄이고자 유로화를 도입한 것도 화폐의 안정성을 추구했기 때문이다. 세계 시장에서 스위스 프랑의 수요가 매우 높은 것도 다 그런 이유 때문이다. 마찬가지로 수 세기 전 잉글랜드 은행과 신생 미국은 자국 통화를 폭발적인 번영의 상징인 금에 고정해 인플레이션을 끝냈다.

그러면 어떻게 화폐의 건전성을 회복하고 인플레이션이 낮은 안정된 경제로 돌아갈까? 첫 번째 단계로 시민들이 건전 화폐의 원칙에 대해 의식을 고취해야 한다. 지금까지 설명한 핵심 내용을 다음과 같이 요약할 수 있다.

1. 가치의 단위로써 더 이상 신뢰받지 않을 때 화폐의 가치가 하락하고 인플레이션이 발생한다.

우리는 고장 나서 시간이 제대로 표시되지 않는 시계나 작동을 멈춘 저울을 쓰레기통에 버린다. 화폐도 마찬가지다. 더는 신뢰할 수 없거나 합리적인 수준의 수요 이상으로 공급이 증가하는 통화를 믿지 못한다. 그때부터 수요가 감소하고, 화폐의 가치가 하락한다. 그리고 인플레이션이 발생한다.

2. 금 가격의 상승은 달러 가치의 하락을 의미한다.

이 노란색 금속은 세상에서 가장 안정적인 원자재다. 그래서 금 가격이 오르면, 금을 살 때 더 많은 달러가 요구된다. 다시 말해, 달러의 가치가 하락한다. 금의 안정된 가치는 달러의 가치나 여러 통화의 가치에 대한 최고의 지표가 된다. 금 회의론자들은 흔히 금이 '불안정'해서 금 기반의 통화 체제로 돌아갈 수 없다고 주장한다. 이는 전혀 사실이 아니다. 달러가 안정되면 금 가격은 변동하지 않는다.

3. 인플레이션은 두 유형이 있다. 하나는 시장 상황에 대한 반응으로 보통 일시적으로 발생한다. 다른 하나는 정부나 중앙은행이 통화를 변질시킬 때 발생해서 훨씬 더 위험하다.

정부의 관리 부실(예를 들어, 팬데믹으로 인한 공급망 중단)로 인한 비화폐적 인플레이션은 고통을 수반한다. 그래도 그 효과는 일반적으로 특정한 경제 부문에 한정된다. 예를 들어 공급망 문제가 해결되면 자연스레 가격 변동성이 완화된다. 반면에 정부와 중앙은행이 통화 가치를 변질시킬 때 화폐적 인플레이션이 발생하며, 그 피해는 매우 광범위하게 퍼진다. 이 두 번째 유형의 인플레이션은 부를 잠식하고 시장을 왜곡하며 사회적 행동의 질을 저하시킨다. 2% 수준의 인플레이션이든 매우 높은 수준의 인플레이션이든 마찬가지다. 화폐적 인플레이션은 로마의 몰락부터 2006년 서브프라임 모기지 시장의 붕괴까지 '인간이 초래한' 재앙으로 수세 기 동안 경제와 사회가 파괴되는 결과로 이어졌다. 경제전문가를 비롯한 많은 사람이 화폐 착각(자국의 통화가 안정적이라고 생각하는 자연적 경향)으로 인해 두 유형의 인플레이션을 혼동하니 안타까운 일이다. 물가가 상승하는 현상은 실질적인 수요와 공급의 변화를 암시하는 것으로 생각되지만, 실제로는 연방준비제도가 너무 많이 발행한 '이지 머니'로 인해 왜곡이 일어난 것이다. 이런 착각이 원인이 되어 낮은 수준의 화폐적 인플레이션이라도 부자연스러운 활동을 초래하고 인위적으로 시장을 과열시킨다. 결국에 가서 소위 '거품'이 붕괴한다.

4. 물가 상승은 화폐적 인플레이션의 결과이지 원인이 아니다.

멕시코에서 휴가를 보낸다고 상상해 보자. 마지막으로 멕시코를 방문했던 날 이후 가격이 급등한 기념품은 그 가치가 갑자기 높아진 게 아니다. 30년 전 1달러당 3페소였던 환율이 지금 1달러당 20페소가 된 것이 그 이유다. 문제의 원인은 페소 가치의 하락이었다. 마찬가지로 내재 가치가 변하지 않는 금에 비교해 달러의 가치가 하락했다고 말할 수 있다. 그래서 인플레이션 대책이 대부분 실패로 돌아가는 이유는 화폐의 가치가 하락한 실제 원인을 해결하지 않고 인위적으로 물가를 통제하려는 실수를 저지르기 때문이다.

5. 미국을 비롯한 어느 나라도 번영으로 가는 길을 부풀릴 수 없다.

돌아가는 길은 없다. 의도적으로 '약간의 인플레이션'을 유발하는 중앙은행의 정책으로는 부를 창출할 수 없다. 폭발적인 활동이 생길 수 있겠지만 그것은 인위적으로 형성된 것으로 결국

가라앉는다. 인플레이션으로 왜곡된 물가는 부를 파괴하고 시장을 변질시킨다. 투자는 성장하고 일자리를 창출하는 벤처가 아니라 부를 유지하고 세금을 회피하는 쪽으로 엉뚱하게 진행된다. 경기는 둔화한다. 장기적으로는 일자리가 줄어들고 부가 잠식된다. 달러가 금에 고정되었던 1950년대와 1960년대의 성장률을 재현한다면, 1인당 소득이 72% 높아질 것이다. 그에 따라 지급받는 달러의 소비력은 과거보다 더 높아질 것이다. 경제는 50% 이상 성장할 수 있다.

6. 단기간의 '경기부양책'으로 온건한 인플레이션이 발생하며, 정부가 지출을 위해 돈을 계속 찍어내면 하이퍼인플레이션이 닥친다.

온건한 인플레이션과 절정에 이른 하이퍼인플레이션의 차이는 규모의 문제를 넘어선다. 온건한 인플레이션은 보통 제한된 케인스식 '경기부양책'이 도입되거나 전쟁 준비금을 지출하는 등 단기간의 사건이 원인이 되어 발생한다. 반면에 하이퍼인플레이션은 정부가 재원을 조달하고자 계속 돈을 찍어낼 때 발생한다. 바이마르 공화국을 덮쳤던 하이퍼인플레이션이 대표적 사례다. 1922년 당시 바이마르 공화국에서는 정부 재원의 63%가 화폐 윤전기에서 조달되었다. 윤전기를 정지시킨다는 것은 하룻밤 사이에 정부의 63%를 폐쇄한다는 의미였다. 베네수엘라와 아르헨티나 같은 하이퍼인플레이션 국가들도 재정 지출을 하기 위해 돈을 마구 찍어내고 있다. 그에 반해서 1970년부터 미국 달러의 가치가 하락한 현상은 연방준비제도가 경제 상황에 대처하고자 '이지 머니' 전략을 채택한 데서 기인했다. 미국은 대규모 화폐 발행으로 직접 자금을 조달하지는 않았지만, 유감스럽게도 그 기조가 이미 바뀌고 있을지도 모른다. 현 행정부가 정책 기조로 삼은 현대화폐이론에 따르면, 연방준비제도가 정부 복지 정책의 재원을 마련하기 위해 돈을 더 찍어낼 수 있다. 그런데 이는 하이퍼인플레이션을 초래하는 완벽한 공식이다.

7. 통화의 가치가 낮아지면 궁극적으로 사회의 질이 떨어진다.

화폐는 상호 합의된 가치의 단위로 낯선 사람들 간에 신뢰가 형성되어 거래가 이루어지게 하는 매개체이다. 건전하고 안정된 화폐로 거래할 때 양쪽은 교환으로 무엇을 얻는지 안다. 하지만 화폐의 가치가 하락할 때, 이 신뢰가 훼손되거나 사라질 수 있다. 화폐가 평가 절하될 때 예금 및 고정된 소득이 부풀려지는 반면에 부자와 힘 있는 사람들이 뜻밖의 이익을 얻을 수 있다. 이런 식으로 인플레이션에 의해 불평등이 심해지고 사회 불만이 고조된다. 이와 같은 이유로 존 로크는 인플레이션을 '정의에 대한 공공의 실패'라고 했다. 최악의 인플레이션 사태는 사회의 붕괴와 관련이 있었다. 높은 수준의 범죄, 부패, 사회 불안은 정치적 극단주의가 유행하고 독재자가 부상하는 결과로 이어질 수 있다. 로마의 몰락, 바이마르 공화국이 몰락하고 히틀러가 집권하는 계기가 되었던 인플레이션 사태까지 역사적으로 주요한 대혼란기는 통화 가치의 절하가 원인으로 작용했다.

8. 정부 지출은 자녀들에게 부채를 물려주는 것이 아니라 지금의 인플레이션을 만드는 것이다.

'다음 세대가 갚아야 할' 정부 부채가 폭증하는 상황을 두고 우려를 표하는 목소리가 자주 들린다. 현실은 사람들이 인플레이션 시기에 상승한 물가를 통해 곧바로 부채를 갚아가기 시작했다는 것이다. 인플레이션이 '스텔스 세금'이라는 사실을 잊지 말아야 한다. 정부가 국민의 재산을 눈에 띄지 않게 비밀리에 몰수할 수 있다고 케인스는 인정했다.

9. 건전 화폐는 '인플레이션이 없다는' 의미이지 '물가 안정'을 의미하지 않는다.

케인스주의자들은 '물가 안정'을 보장하기 위해 연방준비제도가 필요하다고 주장한다. 이 생각은 근거 없는 믿음이다. 인플레이션이 거의 없는 시기에도 물가 안정 같은 것은 없다. 물가는 수요와 공급 관련 정보를 보여주는 시장 지표다. 건전한 경제에서는 물가가 늘 오르고 내린다. 수익 상승이 전망되는 물가 상승은 제조업체들이 생산을 늘리는 요인이 된다. 결국에 재화를 쉽게 구입할 수 있게 된다. 도입 초기 수천 달러에 달했던 휴대전화는 오늘날 50달러 미만으로 구매할 수 있다. 1800년대 금 본위제 시대에는 산업화가 진행되고 생산성이 증가하여 철강부터 등유에 이르는 상품의 가격이 급격히 하락했다. 한편으로, 미국인들이 더 부유해지면서 임금이 상승했다. 1913년 이런 유형의 비화폐적 임금 인플레이션과 재화 디플레이션에 따라 미국은 세계에서 가장 부유한 국가가 되었다. 물가가 '안정된' 적은 없었지만, 달러의 가치는 변동 없이 유지되었다.

10. 인플레이션을 끝내고 경제 성장을 자극하는 최선의 방법은 달러가 금에 고정된 안정된 체제로 돌아가는 것이다.

오늘날 수십 개국이 자국 통화를 달러나 유로에 연계시켰듯이, 마찬가지로 금 본위제도 달러를 금에 연결한 통화 체제다. 미국은 거의 2세기에 걸쳐 건전 화폐를 기반으로 세계 역사상 가장 부유한 국가가 되었다. 화폐는 무엇보다도 가치를 측정하는 도구라는 점을 기억해야 한다. 줄자의 눈금을 변경할 수 없듯이 우리는 더 이상 달러의 가치를 조작해서는 안 된다. 그런데도 우리는 인위적인 조작을 하고 있다(처참한 결과가 뒤따른다).

지난 50년간 연방준비제도의 인플레이션 정책 및 변동하는 법정 달러로 인해 성장이 둔화하였으며 경제 위기가 자주 발생했다. 한 연구에 따르면, 브레턴우즈 체제 및 고전적 금 본위제 시기와 비교해서 1970년대 초 이래 그 빈도가 2배가 되었다. 해당 연구는 2008년 금융 위기 이전에 진행되었다.

금 본위제 아래에서는 인플레이션이 발생하지 않는다. 인플레이션은 완전히 종지부를 찍는다. 금 본위제는 간단히 말해 통화의 가치가 고정되고 통화가 신뢰할 만한 가치의 단위로 충분히 기능하는 체제를 의미한다.

통화가 안정되고 인플레이션이 발생하지 않으면 투자가 활발해지고 경제가 호황을 누린다. 금 본위제가 시행되었던 1800년 후반에 미국과 영국, 유럽의 대부분 국가들, 결국에 일본까지 자국 통화를 금에 연결한 뒤 과거 수 세기 동안 창출된 부를 다 합친 것보다 더 많은 부를 창출했다. 미국은 달러가 금에 연동되었던 1920년대 대부분의 기간 동안, 그리고 1960년대 내내 '완전 고용(5% 미만의 실업률)'이라고 할 만한 고용률을 기록했다.

일반 통념과 달리 금 본위제를 유지하기 위해 반드시 많은 양의 금을 공급할 필요는 없다. 이 체제는 12개월에 걸쳐 단계적으로 도입될 수 있다. 그런 다음 경제가 호황을 누리는지 지켜봐야 한다!

지금 미국은 마음에 들지 않는 사상을 억압하는 전례 없는 현상 속에서 '취소 문화'의 출현을 비난하는 목소리가 커지고 있다. 안타깝게도 이런 편향성은 워싱턴 관료들 사이에서 전혀 새로운 문화가 아니다. 그래서 미국이 과거의 번영을 재현하기 위해 금 기반의 통화 체제로 돌아가야 한다는 사고가 철저히 가로막혔다. 미국은 물가 상승 및 계속 축소되는 달러를 통해 대가를 치르고 있다.

논의를 재개해야 할 때다.

들어가며

5p. "소비자 물가 급등!", 올리비아 록맨Olivia Rockman, 'U.S. Consumer Prices Jump Most Since 2008, Topping All Estimates', 블룸버그, 2021년 7월 13일, https://www.bloomberg.com/news/articles/2021-07-13/u-s-consumer-prices-increased-in-june-by-more-than-forecast.

"최근 이런 표제어를 어디서나…" 크리스토퍼 루가버Christopher Rugaber, 'Why are Fears of Inflation Getting Worse?,' AP통신, 2021년 5월 12일, https://apnews.com/article/financial-markets-inflation-health-coronavirus-pandemic-business-9b28c435bcaf8f787838ca1160e4d47f.

"〈뉴욕포스트〉의 1면 기사만…", 'The Incredible Shrinking Dollar', 〈뉴욕포스트〉, 2021년 7월 14일.

"롱아일랜드의 슈퍼마켓을 찾은 한 손님은…", 벤 팝켄Ben Popken, 'Get Ready for Higher Grocery Bills for the Rest of the Year', NBC 뉴스, 2021년 4월 13일, https://www.nbcnews.com/business/consumer/get-ready-higher-grocery-bills-rest-year-n1263897.

6p. "버지니아주에서 활동하는 한 자동차 판매업자는…", 데이비드 린치David Lynch, 'Recovery's Stumbles Leave Americans Confronting Unfamiliar Inflation Risk', 〈워싱턴포스트〉, 2021년. 5월 10일.

"사우스캐롤라이나주의 한 부동산 중개업자는…", 크리스 조셉Chris Joseph, 'Lumber Prices Skyrocketing, and Taking Home Prices with Them', WISTV, 2021년 4월 15일, https://www.wistv.com/2021/04/15/lumber-prices-skyrocketing-taking-home-prices-with-them/.

"〈블룸버그〉의 보도에 따르면, 캘리포니아주의 한 자전거 판매점을 찾는…", 저스틴 블럼Justin Blum, 'A $4,749 Bike Hints at Inflation Peril Looming for U.S. Economy', 블룸버그, 2021년 6월 5일, https://www.bloomberg.com/news/articles/2021-06-05/a-4-749-bike-hints-at-inflation-peril-looming-for-u-s-economy.

7p. "최초로 우려를 표했던 사람 중 한 명은 래리 서머스다.", 로렌스 르트윈Lawrence Lewitinn, 'Lawrence Summers on Inflation: Fed 'Will Only Remove the Punch Bowl After It Sees People Staggering Around Drunk', CoinDesk, 2021년 5월 26일, https://www.coindesk.com/markets/2021/05/26/lawrence-summers-on-inflation-fed-will-only-remove-the-punch-bowl-after-it-sees-people-staggering-around-drunk/.

"서머스는 공개적으로 우려를 표했다.", 메트 에간Matt Egan, 'Larry Summers Sends Stark Inflation Warning to Joe Biden', CNN 비즈니스, 2021년 5월 27일, https://www.cnn.com/2021/05/26/economy/inflation-larry-summers-biden-fed/index.html.

"두 자릿수 물가 상승률이 10년간 이어졌다.", 앨런 블라인더Alan Blinder, 'The Anatomy of Double-Digit Inflation in the 1970s'', 《Inflation: Causes and Effects》(Chicago, University of Chicago Press, 1982), pp. 261.

"물가 상승이 '일시적 현상(코로나19로 인한 공급망 중단의 영향)'일…", 패티 돔 Patti Domm, 'Inflation is Hotter Than Expected, But It Looks Temporary and Likely Won't Affect Fed Policy Yet', CNBC, 2121년 6월 10일, https://www.cnbc.com/2021/06/10/inflation-hotter-than-expected-but-transitory-wont-affect-fed-policy.html.

8p. "제롬 파월이 '일시적'이라는 단어를 '버릴' 때가….", 마크 디캠버Mark DeCambre, 'Powell Says Time to Retire 'Transitory' When Talking About Inflation—and Stock Markets Tank', MarketWatch.com, 2021년 11월 30일, https://www.marketwatch.com/story/powell-says-time-to-retire-transitory-when-talking-about-inflationand-stock-markets-tank-11638305094.

"정부 지출로 "우리 경제의 병목 현상을 해소한다."라고…", 조 바이든Joe Biden, '백악관 브리핑실에서 진행된 연설 중 경제 관련 발언', 2021년 7월 19일, https://www.whitehouse.gov/briefing-room/speeches-remarks/2021/07/19/remarks-by-president-biden-on-the-economy-3/.

9p. "다음 해 물가 상승률이 최소 수준인 1.8%에 불과할 것으로 예측했다.", 연방공개시장위원회, 'Summmary of Economic Projections', 연방준비제도, 2020년 12월 16일. https://www.federalreserve.gov/monetarypolicy/fomcprojtabl20201216.htm.

10p. "PCE가 5%나 상승했다.", 미국 경제분석국BEA, 'Personal Income and Outlays, October 2021', 2021년 11월 24일 보도자료, https://www.bea.gov/news/2021/personal-income-and-outlays-october-2021.

"물가 상승률은 명목 GDP 성장률의 74%를 차지했다.", 〈Unleash Prosperity Hotline〉, 번영촉진위원회Committee to Unleash Prosperity, #412, 2021년 11월 16일,

https://mailchi.mp/4ef82d29d331/unleash-prosperity-hotline-866180?e=-f1a6f760a8.

"리처드 닉슨 대통령이 일으킨 닉슨 쇼크였다.", 'Nixon and the End of the Bretton Woods System, 1971–1973', 미국 국무부, https://history.state.gov/milestones/1969-1976/nixon-shock.

"···98%나 폭락하는 등 장기간에 걸쳐 침식되었다.", 과거 금 시세 차트, Kitco, 2021년, https://www.kitco.com/charts/historicalgold.html.

11p. "철학자 존 로크와의 인맥을 동원해 영국의 왕립 조폐국 국장이 되었던 뉴턴은···", 네이션 루이스Nathan Lewis, 《Gold: The Monetary Polaris》(New Berlin, NY: Canyon Maple Publishing, 2013), pp. 85.

네이션 루이스, 《Gold: The Final Standard》(New Berlin, NY: Canyon Maple Publishing, 2019), pp. 64~65.

네이션 루이스, 《골드Gold: The Once and Future Money》(Hoboken, John Wiley&Sons, 2007), pp. 29~30.

스티브 포스브Steve Fores, 엘리자베스 에임스Elizabeth Ames, 《머니Money》(New York, McGraw Hill Education, 2014), pp. 134.

12p. "일본뿐만 아니라 여러 유럽 국가들이···", 포브스, 에임스, 《머니》, pp. 135.

네이션 루이스, 'The 1870-1914 Gold Standard: The Most Perfect One Ever Created', 〈포브스〉, 2013년 1월 3일, https://www.forbes.com/sites/nathan-lewis/2013/01/03/the-1870-1914-gold-standard-the-most-perfect-one-ever-created/?sh=362d63f34a6a.

마이클 데이비드 보르도Michael David Bordo, 'The Classical Gold Standard: Some Lessons for Today', 세인트루이스 연방준비은행, 1981년 5월 7일, https://files.stlouisfed.org/files/htdocs/publications/review/81/05/Classical_May1981.pdf.

"여러 유럽 국가들이 영국과 미국을 따라···", 크리스 제임스 미체너Kris James Mitchener, 마사토 시즈메Masato Shizume, 마크 바이텐미어Marc Weidenmier, 'Why Did Countries Adopt the Gold Standard? Lessons from Japan', 전미경제연구소 NBER Working Paper, 2009년 7월 24일, https://www.nber.org/system/files/working_papers/w15195/w15195.pdf.

"수 세기 전, 애덤 스미스···", 애덤 스미스Adam Smith, 《국부론The Wealth of Nations》, Adam Smith Institute, https://www.adamsmith.org/the-wealth-of-nations.

15p. "···일곱 차례에 걸쳐 노벨상이 수여된 바 있다.", 브라이언 도미트로빅Brian Domitrovic, 'The Economics Nobel Goes to Sargent & Sims: Attackers of the Phillips Curve', 〈포브스〉, 2011년 10월 10일.

16p. "만약 1950년대와 1960년대 금 본위제 시대의 성장률을 유지했다면…", BEA, 'Table 1.1.1 Percent Change from Preceding Period in Real GDP', https://apps.bea.gov/iTable/index_nipa.cfm.

BEA, 'Table 1.1.6 Real Gross Domestic Product, Chained Dollars', https://apps.bea.gov/iTable/index_nipa.cfm.

17p. "조지프 도지가 전후 일본에 파견되어…", 〈브리태니커 백과사전〉, 이케다 하야토Ikeda Hayato 항목, https://www.britannica.com/biography/Ikeda-Hayato.

1장 인플레이션은 무엇인가?

25p. "짐바브웨 정부는 100조 달러 지폐를 발행했다.", 'Hyperinflation in Zimbabwe', 'Globalization and Monetary Institute 2011 Annual Report', pp. 2, 댈러스 연방준비은행, https://www.dallasfed.org/~/media/documents/institute/annual/2011/annual11b.pdf.

27p. "닉슨 대통령은 국제 투기꾼들이 달러 가치를 끌어내렸다며 '마일드 인플레이션'을 그들의 탓으로…", 워싱턴 오벌 오피스 연설 일부, 1971년 8월 15일, https://www.presidency.ucsb.edu/documents/address-the-nation-outlining-new-economic-policy-the-challenge-peace.

산드라 콜렌 기조니Sandra Kollen Ghizoni, 'Nixon Ends Convertibility of U.S. Dollars to Gold and Announces Wage/Price Controls', 세인트루이스 연방준비은행, 1971년 8월, https://www.federalreservehistory.org/essays/gold-convertibility-ends.

28p. "금 본위제는 미국이 건국 이래 실제로 받아들인 화폐 제도였다.", 루이스, 《골드Gold》, pp. 31.

29p. "1970년부터 달러의 구매력이 86% 감소했다.", 'Consumer Price Index, 1913-', 미니애폴리스 연방준비은행, https://www.minneapolisfed.org/about-us/monetary-policy/inflation-calculator/consumer-price-index-1913-.

"1970년에만 해도 금 1온스의 가격이 35달러였다.", 과거 금 시세 차트, Kitco, https://www.kitco.com/charts/historicalgold.html.

"1960년대에 석유 가격은 배럴당 3달러였으며…", 미국 에너지 관리청, https://www.eia.gov/dnav/pet/hist/LeafHandler.ashx?n=pet&s=f000000_3&f=a.

"2021년 중반 석유 가격은 배럴당 75달러였으며…", 'Cushing, OK WTI Spot Price FOB', 미국 에너지 관리청, https://www.eia.gov/dnav/pet/hist/Leaf-

Handler.ashx?n=PET&s=RWTC&f=M.

30p. "빅맥 하나는 65센트에 불과했다.", 메간 디 마리아Meghan De Maria, 'What a Mc-Donald's Big Mac Cost the Year You Were Born', Eat This, Not That!, 2020년 11월 21일, https://www.eatthis.com/big-mac-cost/.

31p. "CPI가 전년도와 비교해 5% 상승한…",미국 노동통계국BLS, 'Consumer Price Index News Release', https://www.bls.gov/news.release/archives/cpi_06102021.htm.

"연방준비제도의 경제전문가들이 통화의 '안정성'을 이룬다고 믿는 연간 2% 물가 상승률…", 'Why Does the Federal Reserve Aim for Inflation of 2 Percent Over the Longer Run?', 연방준비제도, 2020년 8월 27일, https://www.federalreserve.gov/faqs/economy_14400.htm.

"연방준비제도에 따르면…", 'What is Inflation and How does the Federal Reserve Measure It?', 연방준비제도, https://www.federalreserve.gov/faqs/5CD-8134B130A43E998A945450E041BF0.htm.

32p. "사회주의자들의 교과서인 《거시경제학》을 쓴 저자들의…", 윌리엄 미첼William Mitchell, L. 란달 레이L. Randall Wray, 마틴 왓츠Martin Watts, 《Macroeconomics》(London: Red Globe Press, 2019), pp. 255.

33p. "경제학자 프리드리히 하이에크는 가격이 어떻게 의사소통 방향을 제시하는지 설명했다.", 프리드리히 하이에크Friedrich Hayek, 'The Use of Knowledge in Society', 〈The American Economic Review〉, XXXV, No. 4, 1945년 9월호, 519-30, EconlibThe Library of Economics and Liberty, https://www.econlib.org/library/Essays/hykKnw.html.

40p. "전문가들의 예측치에 따르면…", 22021년 2월 1일, 세계금협회, https://www.gold.org/goldhub/data/above-ground-stocks.

"수십 년에 걸쳐 상품과 서비스의 가격이 거듭 변동했는데도…", 앨런 그린스펀Alan Greenspan, 스티브 포브스Steve Forbes가 진행한 인터뷰, 2018년 5월 11일, Our Town Films 및 BOLDE Communications 제작, Maryland Public Television 배급, TV 다큐멘터리 〈In Money We Trust?〉 원고, 2018년 12월 29일, 더 자세한 영상은 https://inmoneywetrust.org/ 참고.

41p. "금 가격이 1,900달러를…", 과거 금 시세 차트, Kitco, https://www.kitco.com/charts/historicalgold.html.

43p. "체인형 할인소매업체 달러 트리는…", 사라 나스사우어Sarah Nassauer, 'How Dollar Tree Sells Nearly Everything for $1, Even when Inflation Lurks', 폭스 비즈니스, 2021년 7월 12일, https://www.foxbusiness.com/lifestyle/dollar-tree-sales-inflation.

"결국에 달러 트리 체인은 제품의 가격을 올릴 수밖에 없었다.", Dollar Tree, 'Building on the Success of its 'Combo' Store and Dollar Tree Plus Initiatives, Dollar Tree Poised to Take Next Steps in its Multi-Price Evolution', 보도자료, 2021년 9월 28일, https://www.dollartreeinfo.com/news-releases/news-release-details/building-success-its-combo-store-and-dollar-tree-plus.

"시사평론가 존 스틸 고든이 경고했다.", 존 스틸 고든John Steele Gordon, 'Why We're on the Path to a '70s-like Inflation Disaster', 〈뉴욕포스트〉, 2021년 7월 12일.

46p. "예를 들어, 비트코인은 단 하루 만에 그 가치가 반 토막이 난…", 찰스 보베어드Charles Bovaird, 'Bitcoin Lost Roughly 50% of its Value in a Day', 〈포브스〉, 2020년 3월 12일.

"페이팔 같은 플랫폼에서는…", 안나 이레라Anna Irrera, 'Exclusive: PayPal Launches Crypto Checkout Service,' 로이터, 2021년 3월 30일, https://www.reuters.com/article/us-crypto-currency-paypal-exclusive/exclusive-paypal-launches-crypto-checkout-service-idUSKBN2BM10N.

"오래전 자국 화폐를 달러로 대체했던 엘살바도르는…", 넬슨 렌테리아Nelson Renteria, 앤서니 에스포지토Anthony Esposito, 'El Salvador's World-First Adoption of Bitcoin Endures Bumpy First Day', 로이터, 2021년 9월 8일. https://www.reuters.com/business/finance/el-salvador-leads-world-into-cryptocurrency-bitcoin-legal-tender-2021-09-07/.

2장 인플레이션 역사의 안타까운 순간들

52p. "기원전 7세기 리디아(지금의 튀르키예)에서 주조되었던 최초의 동전에는…", 루이스, 《골드Gold》, pp. 21.

53p. "역사가 수에토니우스의 말대로…", 포덤 대학의 인터넷 고대 역사 자료집Ancient History Sourcebook, 수에토니우스Seutonius, 《De Vita Caesarum—Nero, c. 110 C.E.》, https://sourcebooks.fordham.edu/ancient/suet-nero-rolfe.asp.

"네로는 로마 데나리우스 은화에 구리를 섞어서 (……) AD 260년, 갈수록 부패한 로마 정부는…", 루이스, 《골드》, pp. 23.

"4세기 중반 밀의 가격이 2세기 중반과 비교해 200만 배나 높았다고 한다.", 글린 데이비스Glyn Davies, 《A History of Money》(Cardiff: University of Wales Press, 2002).

찰스 애덤스Charles Adams, 《For Good and Evil》(Lanham, MD: Madison Books, 1999).

"중국은 9세기 초반경 종이 화폐를 잠시 사용함으로⋯", 루이스, 《골드》, pp. 25~27.

브래들리 스킨Bradly Skeen, 페니 모릴Penny Morrill, 케니스 홀Kenneth Hall, 앨런 스탈 Alan Stahl, 모하메드 하산 알리Muhammed Hassan Ali, 'Money and coinage', 《Encyclopedia of Society and Culture in the Medieval World》, 팸 J. 크랩트리Pam J. Crabtree, Facts on File, 2008, https://search.credoreference.com/content/entry/fofsociety/money_and_coinage/0?institutionId=10199.

피터 세인트 온지Peter. St. Onge, 'How Paper Money Led to the Mongol Conquest', 《Independent Review》, 2017년 여름호, Vol. 22 Issue 2, pp. 223~243, https://www.independent.org/pdf/tir/tir_22_2_09_stonge.pdf.

54p. "1440년경 매우 신뢰할 만한 구리 동전과 은 동전으로⋯", 루이스, 《골드》, pp. 27.

"마르코 폴로는 1295년 베니스로 돌아왔지만⋯", 알프레드 케네디Alfred Kennedy, 'Marco Polo on Money', Foundation for Economic Freedom, 1977년 12월 1일, https://fee.org/articles/marco-polo-on-money/.

55p. "1542년 헨리 8세는 소위 통화 대개악을 실시하여⋯", 사무엘 크나포Samuel Knafo, 《The Making of Modern Finance》(London: Routledge, 2021), pp. 77~79.

"은 함량이 3분의 2 정도 감소해⋯", 스티븐 덩Stephen Deng, 'The Great Debasement and Its Aftermath', 《Coinage and State Formation in Early Modern English Literature》(New York, Palgrave Macmillan, 2011), https://doi.org/10.1057/9780230118249_4.

"⋯밀 가격을 하늘 높이 치솟게 했다.", 마가렛 헤이스팅스Margaret Hastings, 마이클 찰스 프레스위치Michael Charles Prestwich, 'England Under the Tudors', 〈브리태니커 백과사전〉, https://www.britannica.com/place/United-Kingdom.

"스페인의 '실버 달러'가⋯", 루이스, 《골드》, pp. 56~59, 153.

56p. "왕실이 가까운 여름 별장을 찾을 비용도 마련하지 못했으며⋯", 존 H. 엘리엇 J.H. Elliott, 《Imperial Spain: 1469-1716》, New York: St. Martin's Press, 1964.

"무절제한 화폐 평가 절하와 막대한 지출로⋯", 엘진 그로세클로Elgin Groseclose, 'The Great Paper-Money Experiment', 《Money and Man》(Norman, OK: University of Oklahoma Press, 1976).

57p. "미시시피 계획을 통해⋯", 존 모엔Jon Moen, 'John Law and the Mississippi Bubble: 1718-1720', Mississippi Historical Society, 2001년 10월, https://

mshistorynow.mdah.ms.gov/issue/john-law-and-the-mississippi-bubble-1718-1720.

루이스, 《골드》, pp. 79.

"프랑스는 이후 몇 세대에 걸쳐 종이 화폐의 사용을 중단시켰으며…", 모엔Moen, 'John Law'.

"1690년 매사추세츠 식민지는 프랑스 식민지 퀘벡을 둘러싼 전쟁에서…", 루이스, 《골드》, pp. 153.

58p. "1775년 미국 독립 혁명이 시작된 이후…", 위의 책, pp. 154.

"'한 푼의 값어치도 없어지다'라는 말이…", 'In 1776, the Continental Congress', Cato Institute, https://securessl.cato.org/support/cato1776-coin.

"1789년 프랑스 혁명과 함께 종이 지폐가 되살아났다.", 〈브리태니커 백과사전〉, 'assignat', https://www.britannica.com/topic/assignat.

"1800년 금에 안정적으로 연계된 새로운 프랑이 도입되어…", 루이스, 《골드》, pp. 79~80.

60p. "…스위스 중앙은행은 공격적으로 공급을 늘려야 했다.", 'Swiss Franc Stability Not at Risk From Ultra-Loose Policy – SNB', 로이터, 2020년 10월 8일, https://www.reuters.com/article/uk-swisssnb-jordan/swiss-franc-stability-not-at-risk-from-ultra-loose-policy-snb-idUKKBN26T1JM.

"1775년에서 1900년까지 미국의 본원 통화는…", 네이선 루이스, 'Modern Monetary Theory Goes Mainstream', 〈포브스〉, 2020년 7월 10일.

61p. "달러의 가치가 41%나 감소했다. (……) 태국 밧과 러시아 루블의 몰락이…", 루이스, 《골드》, pp. 229, 231, 344, 356.

63p. "남베트남의 통화인 피아스트르가 붕괴했다.", 위키피디아, 'French Indochinese Piastre,', https://en.wikipedia.org/wiki/French_Indochinese_piastre.

'Devalued Piaster is Urged on Saigon,' 〈뉴욕타임스〉, 1970년 6월 28일. https://www.nytimes.com/1970/06/28/archives/devalued-piaster-is-urged-on-saigon-house-panel-also-suggests-the.html.

"아프가니스탄의 통화 가치가 거의 바닥까지 폭락했다.", 'Afghanistan's Currency Crumbles to Record Lows', CNN 비즈니스, 2021년 8월 18일, https://www.cnn.com/2021/08/18/business/afghanistan-currency-taliban/index.html.

"그해 12월 엔화의 가치가 하락한 사실은…", 마사토 시즈메Masato Shizume, 'The Japanese Economy During the Interwar Period: Instability in the Financial

System and the Impact of the World Depression,', 〈*Bank of Japan Review*〉, 2009년 5월호, 1, https://www.boj.or.jp/en/research/wps_rev/rev_2009/data/rev09e02.pdf.

"평균 재정 적자는 GDP의 1.3%였다.", 백악관 관리예산실 역사통계, 'Table 1.1 – Summary of Receipts, Outlays, and Surpluses or Deficits(-): 1789-2026', https://www.whitehouse.gov/omb/historical-tables/.

"GDP 대비 부채 비율은 35% 정도였으며….", 미국 관리예산실 및 세인트루이스 연방준비은행, 'Federal Debt: Total Public Debt as Percent of Gross Domestic Product', 세인트루이스 연방준비은행FRED, https://fred.stlouisfed.org/series/GFDEGDQ188S.

64p. "1970년에서 1974년까지 금 1온스의 가치가 35달러에서 175달러까지 상승했다.", 과거 금 시세 차트, Kitco, https://www.kitco.com/charts/historicalgold.html.

"본원 통화는 1971년 7%밖에 증가하지 않았다.", 연방준비제도 이사회, 'Monetary Base: Total', FERD, https://fred.stlouisfed.org/series/BOGMBASE.

"…달러 기준 통화 공급은 51%나 증가한 바 있다.", FERD, 'Monetary Base.'

65p. "1973년에서 1974년까지 석유 가격이 4배나 폭등한 것이…", 마이클 코빗Michael Corbett, 'Oil Shock of 1973-74', 세인트루이스 연방준비은행, 1974년 1월, https://www.federalreservehistory.org/essays/oil-shock-of-1973-74.

"스티브 한케는 물가 상승률이 장기간에 걸쳐 매달 50% 비율로 증가하는 현상을…", 스티브 한케Steve Hanke, 'Hanke's Inflation Dashboard: The Media's Misreporting on Hyperinflation', Cato Institute, 2020년 10월 7일, https://www.cato.org/commentary/hankes-inflation-dashboard-medias-misreporting-hyperinflation.

66p. "유럽 동맹국들은 1919년 베르사유 조약의 전쟁 배상금을 지불하라고…", 미국 홀로코스트 기념관, 〈홀로코스트 백과사전〉, 'Treaty of Versailles', https://encyclopedia.ushmm.org/content/en/article/treaty-of-versailles.

"1919년 1월에서 1920년 2월까지 본원 통화는 58%나 증가했다.", 'Changes in Base Money Demand in Germany', newworldeconomics.com, 2011년 2월 27일.

67p. "당시 연주하지도 못하는 피아노를 사들인 사람들도 있었다고 한다.", 애덤 퍼거슨Adam Fergusson, 《돈의 대폭락*When Money Dies*》(London: Kimber, 1975), pp. 64.

"한 달에 거의 30,000%라는 믿기 힘든 수준에 도달했다.", 루디거 돈부시Rudiger Dornbusch, 'Stopping Hyperinflation: Lessons from the German Inflation Experience of the 1920s', NBER Working Paper, 1985년 8월호, https://www.nber.org/system/files/working_papers/w1675/w1675.pdf.

"퍼거슨은 이렇게 말했다. (……)" 애덤 퍼거슨, 스티브 포브스가 진행한 인터뷰, 2018년 6월 5일, TV 다큐멘터리 〈In Money We Trust?〉 원고.

"1923년 11월, 구화폐가 폐기되고…", 퍼거슨, 《돈의 대폭락When Money Dies》, pp. 120~122.

'In Hyperinflation's Aftermath, How Germany Went Back to Gold', 〈포브스〉, 2011년 6월 9일.

토스튼 폴라이트Thorsten Polleit, '90 Years Ago: The End of German Hyperinflation', Mises Institute, 2013년 11월 15일, https://mises.org/library/90-years-ago-end-german-hyperinflation.

68p. "1922년에는 국가 전체 정부 지출의 63%가…", 콘스탄티노 브레시아니-투로니Costantino Bresciani-Turroni, 《The Economics of Inflation》(London: G. Allen & Unwin Ltd., 1937).

70p. "프랭클린 루스벨트는 1933년 대통령으로 취임했을 때…", 'Gold Standard Dropped for the Present to Lift Prices and Aid Our Trade Position; Plans for Controlled Inflation Drafted', 〈뉴욕타임스〉, 1933년 3월 20일.

루이스, 《골드》, pp. 229.

"영국에서는 경제학자 존 메이너드 케인스가 정부 지출과 통화 공급을 확대하여…", 크리스티나 로머Christina Romer, 〈브리태니커 백과사전〉, 'Great Depression', https://www.britannica.com/event/Great-Depression.

사와트 자한Sarwat Jahan, 아미드 사버 마머드Ahmed Saber Mahmud, 크리스 파라조르주Chris Papageorgiou, 'What is Keynesian Economics?', 〈Finance & Development〉, 2014년 9월호, Vol. 51, No. 3, 53-54, 국제통화기금, https://www.imf.org/external/pubs/ft/fandd/2014/09/basics.htm.

71p. "뉴질랜드 경제학자 윌리엄 필립스가 필립스 곡선 이론을 내놓았는데…", 제임스 돈James Dorn, 'The Phillips Curve: A Poor Guide for Monetary Policy', Cato Institute, 2020년 겨울호, https://www.cato.org/cato-journal/winter-2020/phillips-curve-poor-guide-monetary-policy.

"이처럼 후진적인 사고에 이끌린 닉슨, 그리고 연방준비제도 의장 아서 번즈가…", 앨런 레이놀즈Alan Reynolds, 'The Fed: Lessons of 1972', Cato Institute, 2004년 5월 13일, https://www.cato.org/publications/commentary/fed-lessons-1972#.

"필립스 곡선은 노벨상을 수상한 경제학자들이 그 불완전성을 입증했다.", 브라이언 도미트로빅, 'Nobel After Nobel Won't Kill the Phillips Curve', 〈포브스〉, 2011년 3월 7일. https://www.forbes.com/sites/briandomitrovic/2011/03/07/nobel-after-nobelwont-kill-the-phillips-curve/?sh=45935be52f53.

72p. "이 새로운 기구가 수행할 본연의 임무는…", 데이비드 윌록David Wheelock, 마크 칼슨Mark Carlson, 'The Fed's First (and Lasting) Job: Lender of Last Resort', 〈Forefront〉, 2013년 6월 26일, https://www.clevelandfed.org/en/newsroom-and-events/publications/forefront/ff-v4n01/ff-v4n0108-the-feds-first-job-lender-of-last-resort.aspx.

"'1946년 고용법'은…", 아론 스틸맨Aaron Steelman, 'Employment Act of 1946', 세인트루이스 연방준비은행, https://www.federalreservehistory.org/essays/employment-act-of-1946.

"1970년대 의회는 케인스주의의 '양대 책무'를 채택해 금리와 화폐 공급을 조정함으로써…", 로버트 헤첼Robert Hetzel, 'Money, Banking, and Monetary Policy From the Formation of the Federal Reserve Until Today', Working Paper 16-01, 리치몬드 연방준비은행, 25, https://fraser.stlouisfed.org/title/working-papers-federal-reserve-bank-richmond-3942/money-banking-monetary-policy-formation-federal-reserve-today-531445.

73p. "해당 기관들은 국채 매매를 허가받은 국고채 전문 딜러들이다.", 'Primary Dealers', 뉴욕 연방준비은행, https://www.newyorkfed.org/markets/primarydealers.

"주디 셸턴이 〈월스트리트저널〉에서 이렇게 밝혔다.", 주디 셸턴Judy Shelton, 'How the Fed Finances U.S. Debt', 〈월스트리트저널〉, 2021년 10월 13일.

76p. "벤 버냉키는 2012년 연설에서…", 벤 버냉키Ben Bernanke, 'Monetary Policy Since the Onset of the Crisis', 와이오밍주 잭슨홀에서 열린 캔자스시티 연방준비은행 주최 경제정책 심포지엄 연설, 2012년 8월 31일, https://www.federalreserve.gov/newsevents/speech/bernanke20120831a.htm.

"특히 일본과 스위스에 소재한 일부 중앙은행들은…", 히데유키 사노Hideyuki Sano, 'BOJ Buys Stock ETFs as Usual After Policy Change, But Changes May Lie Ahead', 로이터, 2021년 3월 22일, https://www.reuters.com/article/us-japan-boj-stocks/boj-buys-stock-etfs-as-usualafter-policy-change-but-changes-may-lie-ahead-idUSKBN2BE17M.

켄타로 스기야마Kentaro Sugiyama, 리카 키하라Leika Kihara, 'Take On More Risk or Taper? BOJ Faces Tough Choice with REIT Buying', 로이터, 2021년 3월 4일. https://www.reuters.com/article/us-japan-boj-reit/take-on-more-risk-or-taper-boj-faces-tough-choice-with-reit-buying-idUSKBN2AW0ND.

캐서린 보슬리Catherine Bosley, 'Swiss Central Bank Owns Record $162 Billion of U.S. Stocks', 〈블룸버그〉, 2021년 8월 6일. https://www.bloomberg.com/news/articles/2021-08-06/swiss-central-bank-s-hoard-of-foreign-exchange-tops-1-trillion.

"평시에 역대 최대 규모의 적자에 시달렸다.", 미국 관리예산실, 'Table 1.1 – Summary of Receipts, Outlays, and Surpluses or Deficits(-): 1789-2026', https://www.whitehouse.gov/omb/historical-tables/.

"'바젤 III' 국제 규제 협약에 따른 새로운 글로벌 은행 감독 기준이었다.", 바젤 은행감독위원회, 국제결제은행, 'Finalising Basel III, In Brief', 2017년 12월호, https://www.bis.org/bcbs/publ/d424_inbrief.pdf.

77p. "은행의 지급준비금 잔액에 대한 이자를 지급하는…", 연방준비제도, 'Interest on Reserve Balances', https://www.federalreserve.gov/monetarypolicy/reserve-balances.htm.

"〈그랜츠 인터레스트 레이트 옵저버〉의 발행인 짐 그랜트…", 제임스 그랜트 James Grant, 스티브 포브스가 진행한 인터뷰, 2018년 5월 2일, TV 다큐멘터리 〈In Money We Trust?〉 원고.

"2008년에서 2021년 초에 미국 본원 통화는 8,300억 달러에서…", 연방준비제도 이사회, 'Monetary Base; Total', FRED, https://fred.stlouisfed.org/series/BOGMBASE.

78p. "2008년에서 2020년까지 금 가격이 1온스당 900달러 정도에서 1,800달러까지 치솟음에 따라…", 과거 금 시세 차트, Kitco, https://www.kitco.com/charts/historicalgold.html.

"2021년 연방준비제도는 매달 1,200억 달러 규모의 국채와 주택담보부증권을 사들이고 있었다.", 연방준비제도, 보도자료, 2021년 7월 28일. https://www.federalreserve.gov/monetarypolicy/files/monetary20210728al.pdf.

"'역환매 조건부 채권매매' 또는 '역레포'라 불리는 수단을 통해서였다.", 연방준비제도, 'Factors A8ecting Reserve Balances – H.4.1', https://www.federalreserve.gov/releases/h41/.

뉴욕 연방준비은행, 'FAQs: Reverse Repurchase Agreement Operations', 2021년 9월 22일. https://www.newyorkfed.org/markets/rrp_faq.html.

제임스 첸James Chen, 'Reverse Repurchase Agreement', Investopedia, 2020년 12월 28일. https://www.investopedia.com/terms/r/reverserepurchaseagreement.asp.

79p. "2021년 2월, 연방준비제도의 대차대조표에서 역레포가 차지하는…", 연방준비제도, 'Factors Affecting Reserve Balances – H.4.1', 2021년 2월 25일, https://www.federalreserve.gov/releases/h41/20210225/.

"…1조 7,000억 달러 넘게 늘어났다.", 연방준비제도, 'Factors Affecting Reserve Balances – H.4.1', 2021년 12월 23일. https://www.federalreserve.gov/releases/h41/20211223/.

80p. "《적자의 본질》을 출간한⋯", 스테파니 켈튼Stephanie Kelton, 《적자의 본질*The Deficit Myth*》(New York: Public Affairs, 2020).

81p. "미국 연방준비제도가 보유한 연방 부채의 2배", 미국 국무부 회계 서비스, 'Federal Debt Held by Federal Reserve Banks', FRED, https://fred.stlouisfed.org/series/FDHBFRBN.

3장 인플레이션은 왜 나쁜가?

87p. "연방준비제도 이사회 의장 제롬 파월은 목표치인 2% 물가 상승률을 웃돌더라도⋯", 제롬 파월Jerome Powell, 'New Economic Challenges and the Fed's Monetary Policy Review', 캔자스시티 연방준비은행 주최 경제 정책 심포지엄 연설, 2020년 4월 27일, https://www.federalreserve.gov/newsevents/speech/powell20200827a.htm.

88p. "인플레이션이 부족하면 소비자들에게 문제가 생길 수 있다⋯", 미첼 하트맨Mitchell Hartman, 'I've Always Wondered⋯ Why is Inflation Necessary?', Marketplace, 2019년 9월 12일, https://www.marketplace.org/2019/09/12/why-is-inflation-necessary/.

"2019년 가계중위소득은 6.8% 증가해 사상 최대 증가율을 기록했다.", 사설, 'The Higher Wages of Growth'〈월스트리트저널〉, 2020년 9월 16일.

"〈뉴욕타임스〉는 케인스학파의 인플레이션주의가 부활한 것을 환영했다.", 빈야민 애플바움Binyamin Appelbaum, 'In Fed and Out, Many Now Think Inflation Helps', 〈뉴욕타임스〉, 2013년 10월 26일.

89p. "누군가가 리처드 딕슨 씨에게 이 일반 통념에 관한 의견을⋯", 제럴드 포터 주니어Gerald Porter, Jr., 'Diaper Inflation Wrecks Already-Strained Family Budgets in the U.S.' 블룸버그, 2021년 7월 9일, https://www.bloomberg.com/news/articles/2021-07-09/diaper-costs-crush-families-as-p-g-and-kimberly-clark-pass-along-inflation.

"젊은 엄마 멜리사 로버츠의 경우는 어떨까?", 엘리자베스 부치왈드Elisabeth Buchwald, 'Eggs and Pancakes for Dinner: How One Family of Seven Is Coping with America's Food Inflation', MarketWatch, 2021년 7월 19일, https://www.marketwatch.com/story/eggs-and-pancakes-for-dinner-how-one-family-of-seven-is-coping-with-americas-food-inflation-11626285167.

"캄보디아 같은 국가의 빈곤층은 어떠한가? 식료품 가격이 급등한 탓에⋯", UNICEF, 'Going hungry-how COVID-19 has harmed nutrition in Asia and the Pacific' 보도자료, 2021년 2월 1일. https://www.unicef.org/cambodia/press-releases/going-hungry-how-covid-19-has-harmed-nutrition-asia-and-pacific.

90p. "영국의 경제학자 케인스는 통화 공급량을 조절하여 완전 고용을 달성할 수 있다는 이론을…", 사와트 자한Sarwat Jahan, 아미드 사버 마머드Ahmed Saber Mahmud, 크리스 파라조르주Chris Papageorgiou, 'What is Keynesian Economics?', 〈*Finance & Development*〉, Vol. 51, No.3, 2014년 9월호, 국제통화기금, https://www.imf.org/external/pubs/ft/fandd/2014/09/basics.htm.

91p. "7개의 노벨상이 수여되었다.", 브라이언 도미트로빅, 스티브 포브스가 진행한 인터뷰, 2018년 5월 23일, TV 다큐멘터리 〈In Money We Trust?〉 원고.

"1980년대 초 인플레이션 시기의 실업률은…", 브라이언 도미트로빅, 'The Fed is Failing its Unemployment Mandate', 〈포브스〉, 2011년 9월 20일.

"1920년대에서 1960년대 사이에 완전 고용…", BLS, 'Unemployment Rate', FRED, https://fred.stlouisfed.org/series/UNRATE.

"실업률 5% 미만…", 스탠리 르버곳Stanley Lebergott, 'Annual Estimates of Unemployment in the United States, 1900~1954', 《*The Measurement and Behavior of Unemployment*》(Washington, DC: NBER, 1957), pp. 211, 242.

92p. "스위스의 실업률은 3% 정도였다.", OECD, 'Registered Unemployment Rate for Switzerland', FRED, https://fred.stlouisfed.org/series/LMUNRRTTCH-Q156S.

"19세기 후반기에 미국은…", 'Deflation and Economic Growth', 〈*National Economic Trends*〉, 1998년 3월.

93p. "이렇게 저렴해진 철강이 성장하는 도시에서 철도와…", 네이선 루이스, 《*Gold: The Final Standard*》(New Berlin, NY: Canyon Maple Publishing 2017), pp. 134.

"연간 7,000마일(약 11,265km)에 이르는 철로를…", NBER, 'Miles of Railroad Built for United States', FRED, https://fred.stlouisfed.org/series/A02F2AUS-A374NNBR.

"1850년대에 주로 등불의 연료로 사용된 고래기름은…", 폴 로빈슨Paul Robinson, 'Petroleum and Its Products', 《*Handbook of Industrial Chemistry and Biotechnology*》(Springer US, 2012년 11월), pp. 699~747, https://www.researchgate.net/publication/302207461_Petroleum_and_Its_Products.

제임스 로빈스James Robbins, 'How Capitalism Saved the Whales', 경제교육재단FEE, 1992년, 8월 1일, https://fee.org/articles/how-capitalism-saved-the-whales/.

"1870년 대체 물질인 등유가 나오면서 고래기름의 가격은…", 버튼 폴솜Burton Folsom, 'John D. Rockefeller and the Oil Industry', FEE, 1988년 10월 1일, https://fee.org/articles/john-d-rockefeller-and-the-oil-industry/.

94p. "스티브 한케는 이렇게 말했다…", 스티브 한케, 스티브 포브스가 진행한 인터뷰, 2018년 4월 17일, TV 다큐멘터리 〈In Money We Trust?〉 원고.

"하원의원을 지냈던 론 폴은 이렇게 말했다…", 스티브 포브스, 엘리자베스 에임스, 《머니》, pp. 81.

95p. "…라고 케인스는 인정했다.", 존 메이너드 케인스, 《*The Economic Consequences of the Peace*》(New York: Harcourt, Brace, and Howe, 1920), chapter 6.

"스토니브룩 대학의 교수이자 사회과학자인…", 토드 피틴스키Todd Pittinsky, 'Inflation Disproportionately Hurts the Poor', 〈월스트리트저널〉, 2021년 6월 20일.

96p. "마크 스쿠젠은 루트비히 폰 미제스의 사상을 들어…", 마크 스쿠젠Mark Skousen, 스티브 포브스Steve Forbes가 진행한 인터뷰, 2018년 6월 18일. TV 다큐멘터리 〈In Money We Trust?〉 원고.

"미국은 2021년 연간 연방 세수 증가율이…", 브라이언 페일러Brian Faler, 'U.S. Sees Biggest Revenue Surge in 44 Years Despite Pandemic', 〈*Politico*〉, 2021년 10월 12일.

97p. "2021년 10월 〈월스트리트저널〉은 부동산 등 특정한 부문들이…", 'The Inflation Tax Rises: Real Average Hourly Earnings Have Declined 1.9% Since Biden's Inaugural', 〈월스트리트저널〉, 2021년 10월 13일.

"펜실베이니아 대학이 놀랄 만한 추정치를 내놓았는데…", 젤리 히Zheli He, 샤오유 선Xiaoyue Sun, 'Impact of Inflation by Household Income', Penn Wharton Budget Model, 2021년 12월 15일, https://budgetmodel.wharton.upenn.edu/issues/2021/12/15/consumption-under-inflation-costs.

"존 로크가 통화의 평가 절하를 '한 사람의 권리와 소유권을 다른 사람에게 넘기는, 정의에 대한 공공의 실패'라고…", 존 로크, 《*The Works of John Locke*》, vol. 5(London: Thomas Davison, Whitefriars, 1823), pp. 145.

98p. "2021년 아르헨티나는 연간 물가 상승률이…", 허먼 네시Herman Nessi, 조지 로리오Jorge Lorio, 'Argentina's Annual Inflation Rate Tops 50% as Global Prices Soar', 로이터, 2021년 7월 15일, https://www.reuters.com/world/americas/argentina-inflation-seen-year-low-32-june-likely-reheat-2nd-half-2021-07-15/.

"온건한 인플레이션을 겪은 튀르키예는 15%의 금리를…", 'Turkish inflation jumps above policy rate', Reuters Graphics, https://graphics.reuters.com/

TURKEYECONOMY/INFLATION/jbyvrzxjdve/index.html.

"1970년대 대 인플레이션이 발생한 미국에서는…", 연방준비제도 이사회, 'Bank Prime Loan Rate Changes: Historical Dates of Changes and Rates [PRIME]', FRED, https://fred.stlouisfed.org/series/PRIME.

99p. "그들은 역대 가장 낮은 수준까지 금리를 끌어내렸다.", 'What are negative interest rates and how would they a8ect me?', 잉글랜드 은행, 2021년 9월 10일, https://www.bankofengland.co.uk/knowledgebank/what-are-negative-interest-rates.

"컴퓨터 업계의 거인 애플…", 척 존스Chuck Jones, 'Apple Will Have to Buyback $250 Billion in Stock to Become Cash Neutral', 〈포브스〉, 2021년 2월 28일.

100p. "2021년 초 전체 연방 부채가 약 29조 달러에 달했다.", 미국 국무부, 회계 서비스, 'Federal Debt: Total Public Debt', FRED, https://fred.stlouisfed.org/series/GFDEBTN.

"존스 홉킨스 대학의 정치학자 조셉 조프가…", 조셉 조프Josef Joffe, 'America Looks More Like Europe All the Time', 〈월스트리트저널〉, 2021년 8월 22일.

101p. "배럴당 3달러 정도를 오랫동안 유지했던 석유 가격은…", 세인트루이스 연방준비은행, 'Spot Crude Oil Price: West Texas Intermediate(WTI)', FRED, https://fred.stlouisfed.org/series/WTISPLC.

"〈뉴스위크〉가 표지 기사로…", 네이선 루이스, 'Commodities in the 1970s', New World Economics, 2007년 4월 1일. https://newworldeconomics.com/commodities-in-the-1970s/.

"석유 위기가 아니라 통화의 위기였다고…", 브라이언 도미트로빅, 스티브 포브스가 진행한 인터뷰, 2018년 5월 23일, TV 다큐멘터리 〈In Money We Trust?〉 원고.

"중동의 석유수출기구의 사무총장이 보내온 서신을 언급했다.", 브라이언 도미트로빅, 'Oil Soared Because the U.S. Tanked the Dollar', 〈포브스〉, 2018년 5월 8일.

102p. "휘발유 1갤런의 가격이 50센트를 넘어가지 않았을 것이다.", 도미트로빅의 인터뷰 내용, 2018년 5월 23일.

"연방준비제도는 경기를 부양하기 위한 일련의 조치로 연방 기금 금리를 1%까지…", 연방준비제도 이사회, 'Federal Funds Effective Rate', FRED, https://fred.stlouisfed.org/series/FEDFUNDS.

"2000년부터 2003년 사이에 본원 통화는…", 연방준비제도 이사회 'Monetary Base; Total', FRED, https://fred.stlouisfed.org/series/BOGMBASE.

"…금 가격도 가파르게 상승했다.", 과거 금 시세 차트, Kitco, https://www.kit-co.com/charts/historicalgold.html.

103p. "서브프라임 모기지 시장은 200%나 성장했다.", 찰스 슈머Charles Schumer, 캐롤린 말로니Carolyn Maloney, 'The Subprime Lending Crisis-Report and Recommen-dations by the Majority Staff of the Joint Economic Committee' 2007년 10월, https://www.jec.senate.gov/archive/Documents/Reports/10.25.07October-SubprimeReport.pdf.

"'명시된 소득 대출'도 유행했다.", 금융위기조사위원회FCIC, 'The Financial Cri-sis Inquiry Report: Final Report of the National Commission on the Causes of the Financial and Economic Crisis in the United States', 2011년 1월, https://www.govinfo.gov/content/pkg/GPO-FCIC/pdf/GPO-FCIC.pdf.

"플로리다주 세인트피터즈버그에 사는 한 노숙자는 (……) 2005년 연방준비제도가 금리를 올리기 시작했다.", 제프 테스터맨Jeff Testerman, 'Investor, or Pauper or Merely a Front Man?', 〈탬파베이타임스Tampa Bay Times〉, 2006년 4월 9일.

104p. "1,000만 명의 사람들이 집을 잃었다고 보면 될 것이다.", 윌리엄 에먼스William Emmons, 'The End is in Sight for the U.S. Foreclosure Crisis', On The Econ-omy Blog, 2016년 12월 2일. https://www.stlouisfed.org/on-the-econo-my/2016/december/end-sight-us-foreclosure-crisis#endnote1.

"투자회사인 리먼브라더스와 베어스턴스가 파산했다.", 미국 연방예금보험공사 FDIC, 'Crisis and Response: An FDIC History, 2008-2013', https://www.fdic.gov/bank/historical/crisis/overview.pdf.

"S&P500 지수는 58%나 하락했다.", 인베스토피디아, 'What is the History of the S&P 500?', 2021년 10월 26일, https://www.investopedia.com/ask/an-swers/041015/what-history-sp-500.asp.

105p. "…'벽돌 계좌를 가졌다'라고 설명했다.", 스티브 한케Steve Hanke, 스티브 포브스가 진행한 인터뷰, 2018년 4월 17일, TV 다큐멘터리 〈In Money We Trust?〉 원고.

106p. "1980년대에 이르러 도입되었던 자동적인 '인플레이션 조정'은 없었다.", 알렉스 무레시아누Alex Muresianu, 제이슨 해리슨Jason Harrison, 'How the Tax Code Handles Inflation(and How It Doesn't)', Tax Foundation, 2021년 6월 28일. https://taxfoundation.org/taxes-inflation/.

"중위 소득의 2배를 버는 4인 가족은…" 미국 인구조사국, 'Consumer Income', 〈Current Population Reports〉, Series P-60, No. 49, 1966년 8월 10일, https://www2.census.gov/prod2/popscan/p60-049.pdf.

"1965년, 25%의 한계 세율이 적용되었다.", Tax Foundation, 'Federal Individual

Income Tax Rates History', https://files.taxfoundation.org/legacy/docs/fed_individual_rate_history_nominal.pdf.

"이 비율은 1980년에 43%까지 상승했다.", 미국 인구조사국, 'Money Income of Households, Families, and Persons in the United States:1980', Report Number P60-132, 1982년 6월, https://www.census.gov/library/publications/1982/demo/p60-132.html.

"1970년대에 자본 이득에 대한 실질 세금은…", 스티븐 엔틴Stephen Entin, 'Getting 'Real' by Indexing Capital Gains for Inflation', Tax Foundation, 2018년 3월 6일. https://taxfoundation.org/inflation-adjusting-capital-gains/.

"1970년에 S&P500 지수 추종 펀드를 매입했다가…", MeasuringWorth.com의 데이터를 바탕으로 한 네이션 루이스의 계산.

107P. "미국에서 거의 모든 유형의 조세 피난처가 급격히 늘어난 것은…", 로버트 허쉬 주니어Robert Hershey, Jr., 'The Boom in Tax Shelters', 〈뉴욕타임스〉, 1983년 7월 19일, Section D, 1.

108P. "기업공개는 1969년에서 1972년 사이에…", 'Revenue Proposals Contained in the President's Budget for Fiscal Year 1990', Vol 4, pp. 15, https://books.google.com/books?id=36-jxgEACAAJ&q=Initial+Public+O8erings#v=snippet&q=Initial%20Public%20O8erings&f=false.

"페루에서는 주택을 짓던 사람들이…", 'What's with All the Unfinished Buildings in Peru and Boliva?', Overland Traveler's Blog, 2009년 12월 13일, https://overlandtraveller.wordpress.com/2009/12/13/what's-with-all-the-unfinished-buildings-in-peru-and-bolivia/.

"다비드 타워가…", 시몬 로메로Simon Romero, 마리아 디아즈María Díaz, 'A 45-Story Walkup Beckons the Desperate', 〈뉴욕타임스〉, 2011년 3월 1일.

109P. "1950년에서 1970년까지 금 본위제가 시행되었던 시기에 1인당 실질 GDP가…", BEA, 'Table 7.1 Selected Per Capita Product and Income Series in Current and Chained Dollars', https://apps.bea.gov/iTable/iTable.cfm?reqid=19&step=2#reqid=19&step=2&isuri=1&1921=survey.

세계은행, 'GDP Per Capita Growth(annual %)-United States', https://data.worldbank.org/indicator/NY.GDP.PCAP.KD.ZG?locations=US.

110P. "보통의 미국인들은 1970년대와 비교해 2배 이상 많은 부를…", BEA, 'Real Gross Domestic Product Per Capita', FRED, https://fred.stlouisfed.org/series/A939RX0Q048SBEA.

111P. "고대 로마에서 디오클레티아누스 황제는…", 브루스 바틀렛Bruce Bartlett, 'The Futility of Price Controls', 〈포브스〉, 2010년 1월 15일.

112p. "20만 개가 넘는 새로운 규정이 연방 관보에 실렸다. (……) 그중 98%는 의회의 승인 과정을 전혀 거치지 않았다.", 제임스 코플랜드James Copland, 《The Unelected》(New York: Encounter Books, 2020), pp. 19.

"CDC의 '강제퇴거 금지조치'는…", 미국 연방 대법원, 'Alabama Association of Realtors, et al. v. Department of Health and Human Services, et al. on Application to Vacate Stay', No. 21A23, 594 U.S. 2021, https://www.supremecourt.gov/opinions/20pdf/21a23_ap6c.pdf.

113p. "정부 정책에 '극도로 의존하도록'…", 조지 길더George Gilder, 《The Scandal of Money》(Washington, DC: Regnery Gateway, 2016), pp. 16.

114p. "…더 교묘하고도 확실한 수단은 없다.", 존 메이너드 케인스, 《Economic Consequences of Peace》(New York: Harcourt, Brace, and Howe, 1920), pp. 236.

"3세기에 로마인들은…", 스티브 포브스, 엘리자베스 에임스, 《머니》, pp. 109.

115p. "…무언가를 가치가 점점 떨어지도록 취급해야 한다.", 엘리아스 카네티Elias Canetti, 캐롤 스튜어트Carol Stewart 역, 《Crowds and Power》(New York: Continuum, 1962), pp. 187.

116p. "돈을 엄청나게 많이 벌기란 애초에 그른 일로…", 니콜라스 엥겔만Nicholas Engelmann, 'Argentina's Inflation Problem, and How It's Permeated Every Aspect of the Culture', 〈Paste〉, 2016년 12월 7일.

117p. "검약, 정직, 노력이라는 오래된 미덕이 매력을 잃고 모든 사람이…", 애덤 퍼거슨, 《돈의 대폭락When Money Dies》. pp. 229.

"…희생양이 되지 않은 사회계층은 거의 없었다.", 위의 책, pp. 236.

"연간 물가 상승률이 60,000%까지 치솟은 하이퍼인플레이션 국가 베네수엘라…", 콜린 드와이어Colin Dwyer, 'Venezuela, Racked With Hyperinflation, Rolls Out New Banknotes', NPR.org, 2018년 8월 20일, https://www.npr.org/2018/08/20/640213152/venezuela-racked-with-hyperinflation-rolls-out-new-banknotes.

"…남미에서 가장 높은 범죄율을 기록했다.", 'Venezuela 2020 Crime and Safety Report', 미국 해외안보자문위원회OSAC, 2020년 7월 21일, https://www.osac.gov/Country/inflation/Venezuela/Content/Detail/Report/0e6ed0e0-eb8e-44cc-ab81-1938e6c8d93f.

118p. "인플레이션은 실업률보다 범죄와 더 밀접한 관계가 있다.", 젠 해튼Jen Hatton, 'Criminologist Discusses Inflation's Effect on Crime', UMSL Daily, 2011년 9월 20일. https://blogs.umsl.edu/news/2011/09/20/crimerates/.

"2010년의 튀니지 거리 집회는…", 〈브리태니커 백과사전〉, 'Jasmine Revolution', https://www.britannica.com/event/Jasmine-Revolution.

119p. "…18%까지 치솟았던 이집트로 번져나갔다.", 세계은행, 'Inflation, Consumer Prices, Egypt, Arab Rep.,' https://data.worldbank.org/indicator/FP.CPI.TOTL.ZG?locations=EG.

"2008년 공식 물가 상승률이 25%까지 급증했던 이란에서도…", 세계은행, 'Inflation, Consumer Prices, Iran, Islamic Rep.,', https://data.worldbank.org/indicator/FP.CPI.TOTL.ZG?locations=IR.

"1989년 러시아에서 하이퍼인플레이션이 시작되었을 때는… (……) 인도네시아는 1997년 통화가 폭락한 후…", 네이션 루이스, 《Gold: The Once and Future Money》, pp. 81, 378.

"유고슬라비아가 하이퍼인플레이션을 겪다가…", 위의 책, pp. 81.

존 램프Lampe, J.R., 존 올콕John Allcoc, 'Yugoslavia', 〈브리태니커 백과사전〉, https://www.britannica.com/place/Yugoslavia-former-federated-nation-1929-2003.

"1790년대에 혁명을 겪던 프랑스에 하이퍼인플레이션이 덮쳤으며…", 리처드 에벨링Richard Ebeling, 'The Great French Inflation', FEE, 2007년 7월 1일.

"통화를 금에 연결하여 안정화한 나폴레옹이 등장했다.", 네이션 루이스, 《Gold: The Final Standard》, pp. 79~80.

120p. "연방준비제도 이사회 의장 폴 볼커는 2%의 인플레이션을 목표로 한…", 폴 볼커Paul Volcker, 스티브 포브스가 진행한 인터뷰, 2018년 5월 10일, TV 다큐멘터리 〈In Money We Trust?〉 원고.

"볼커의 예측은 2021년 말 적중했다…", BLS, 'Consumer Price Index-October 2021', 2021년 11월 10일, https://www.bls.gov/news.release/cpi.nr0.htm.

121p. "미국의 정치 기관에 대한 신뢰가 바닥으로 떨어졌다.", Pew Research Center, 'Public Trust in Government: 1958-2021', 2021년 5월 17일, https://www.pewresearch.org/politics/2021/05/17/public-trust-in-government-1958-2021/.

"바이든 행정부가 가격 상승과 '폭리'에 대한 책임을 육류 가공업체들과…", 윌 퓨어Will Feuer, 'White House Blames Big Meat for Rising Prices, Alleges 'Profiteering', 〈뉴욕포스트〉, 2021년 9월 9일.

122p. "러시아가 1979년 12월 거침없이 아프가니스탄으로 진격했다.", 〈브리태니커 백과사전〉, 'Soviet Invasion of Afghanistan', https://www.britannica.com/event/Soviet-invasion-of-Afghanistan/.

128p. "아르헨티나는 페소의 추락을 막기 위해…", 'Argentina Imposes Currency Controls to Support Economy', BBC 뉴스, 2019년 9월 2일.

"신용카드 사용도 제한했다.", 조아오 파울로 피멘텔João Paulo Pimentel, 루시아나 로사Luciana Rosa, 로이터, 'Argentina's Tightened Currency Rules Affect Dollar-Denominated Card Purchases', LABSLatin America Business Stories, 2020년 9월 17일.

"아르헨티나 페소 가치는…", 'US Dollar to Argentine Peso Exchange Rate Chart', XE, https://www.xe.com/currencycharts/?from=USD&to=ARS&view=5Y.

"튀르키예 리라화의 가치가 하락해…", 'US Dollar to Turkish Lira Exchange Rate Chart', XE, https://www.xe.com/currencycharts/?from=USD&to=TRY&view=10Y.

"…해외의 '먹거리 테러리스트들'이 국제 투기꾼들과 규합했다며 비난했다.", 라 굿 소일루Ragip Soylu, 'Turkey Cracks Down on 'Food Terrorism' with Government Shops', 〈Middle East Eye〉, 2019년 2월 12일.

129p. "식료품 가격은 연간 25% 이상 계속 상승했다.", 아즈라 셰일란Azra Ceylan, 조나단 스파이서Jonathan Spicer, 'Turkey to Open 1,000 markets to Counter High Inflation, Erdogan says', 로이터, 2021년 10월 3일, https://www.reuters.com/world/middle-east/turkey-open-1000-new-markets-counter-inflation-erdogan-says-2021-10-03/.

"세계에서 인플레이션 수치가 가장 높은 베네수엘라는…", 아론 오닐Aaron O'Neill, 'The 20 Countries with the Highest Inflation Rate in 2020', Statista, 2021년 6월 16일, https://www.statista.com/statistics/268225/countries-with-the-highest-inflation-rate/.

"옥수숫가루부터 자동차 부품, 어린이 장난감에 이르기까지…", 케잘 베이아스Kejal Veyas, 'Venezuela Quietly Loosens Grip on Market, Tempering Economic Crisis', 〈월스트리트저널〉, 2019년 9월 17일.

"리처드 닉슨은 1971년 완만한 인플레이션에 직면한 가운데…", 산드라 콜렌 기조니Sandra Kollen Ghizoni, 'Nixon Ends Convertibility of U.S. Dollars to Gold and Announces Wage/Price Controls', 세인트루이스 연방준비은행, 1971년 8월, https://www.federalreservehistory.org/essays/gold-convertibility-ends.

130p. "그는 이후 지급국과 가격위원회를 구성해…", 진 힐리Gene Healy, 'Remembering Nixon's Wage and Price Controls', Cato Institute, 2011년 8월 16일,

https://www.cato.org/commentary/remembering-nixons-wage-price-con-
trols.

"제럴드 포드는 '당장 인플레이션을 몰아내자!'를 의미하는…", 제럴드 포
드, 'Remarks to the Annual Convention of the Future Farmers of America,
Kansas City, Missouri', The American Presidency Project, 1974년 10월 15일,
https://www.presidency.ucsb.edu/documents/remarks-the-annual-conven-
tion-the-future-farmers-america-kansas-city-missouri.

"빨간색 WIN 배지를 나눠주는 캠페인으로…", 포드 도서관과 박물관, 'Whip
Inflation Now(WIN)', https://www.fordlibrarymuseum.gov/museum/artifact-
collectionsamples/win.html.

131p. 제럴드 R. 포드 대통령 박물관의 허가로 위키피디아 커먼스Wikimedia Commons를
통해 공개됨.

132p. "에너지 절약을 상징하려고 카디건 스웨터를 입고…", 'Jimmy Carter's First Re-
port to the American People', 〈뉴욕타임스〉, 1977년 2월 3일.

"거의 15%까지 도달한 물가 상승률을…", 마이클 브라이언 Michael Bryan, 'The
Great Inflation 1965—1982', 세인트루이스 연방준비은행, 2013년 11월 22일,
https://www.federalreservehistory.org/essays/great-inflation.

133p. "IMF는 190개국으로 구성된 국제기구로…", 국제통화기금, 'The IMF at a
Glance', 2021년 3월 3일, https://www.imf.org/en/About/Factsheets/IMF-at-
a-Glance.

134p. IMF가 아시아에 처방한 나쁜 약, 네이선 루이스, 《골드》, pp. 341~373.

러시아 통화 재앙, 위의 책, pp. 378~382.

137p. "'arbolitos(작은 나무라는 의미)'로 알려진 암시장…", 주앙 마누엘 산티아고 로
페즈Joan Manuel Santiago Lopez, 'Argentina's 'Little Trees' Blossom as Forex Con-
trols Fuel Black Market', 로이터, 2020년 2월 5일, https://www.reuters.com/
article/us-argentina-currency-blackmarket/argentinas-little-trees-blos-
som-as-forex-controls-fuel-black-marketidUSKBN1ZZ1H1.

139p. "두 국가만 사례로 들자면, 한국과 태국은…", 루이스, 《골드》, pp. 350.

140p. "그에 뒤따르는 무수한 요구사항에…", 위의 책, pp. 354.

"단지 일시적으로 효과가 있었다고 한다면…", 스티브 한케, 'On the Fall of the
Rupiah and Suharto', Cato Institute, 2007년 1월 27일, https://www.cato.org/
publications/commentary/fall-rupiah-suharto.

141p. "루피아화가 다시 붕괴했다.", 'Professor Hanke vs. the IMF', 〈Johns Hopkins
Magazine〉, 1998년 6월호.

143p. "담배와 초콜릿은 돈처럼 유통되었다.", 루이스, 《골드》, pp. 384.

144p. "루트비히 에르하르트가 긴축 위주의 접근법에 반대하는 입장을…", 이사벨라 웨버Isabella Weber, 'How to Make a Miracle? Ludwig Erhard's Post-War Price Liberalisation in China's 1980s Reform Debate', Working Paper, NSS RNew School for Social Research 경제학부, 2019년 3월, http://www.economicpolicyre-search.org/econ/2019/NSSR_WP_032019.pdf.

"그에 따라 소득세 최고 세율이 95%에서 53%로 떨어졌으며…", 'Individual Income Tax Rates in West German, 1946~66', 〈Reason〉, https://reason.com/wp-content/uploads/assets/db/15402236542664.pdf.

"조지프 도지는 한 번 더 신화를 일구기 위해…", 네이선 루이스, 'It's Time to Plan for the Post-Crisis World', New World Economics, 2020년 4월 24일, https://newworldeconomics.com/its-time-to-plan-for-the-post-crisis-world/.

145p. "일본도 독일과 마찬가지로 세금을 대폭 인하했다.", 《골드》, pp. 43, 322~326.

146p. "1970년대 말까지 인플레이션은 거의 15%에 도달했다", 브라이언, 'The Great Inflation'.

147p. "금 가격이 1온스당 300달러 정도에서… (……) 1982년 금 가격은 온스당 300달러로 다시 추락했다", 과거 금 시세 차트, Kitco, https://www.kitco.com/charts/historicalgold.html.

"금리가 우리의 예상치를 훨씬 뛰어넘어 버렸습니다.", 폴 볼커, 스티브 포브스가 진행한 인터뷰, 2018년 5월 10일, TV 다큐멘터리 〈In Money We Trust?〉 원고.

"실업률은 2008년과 2009년 금융 위기 당시의 최고점을…", BLS, 'Unemployment Rate', FRED, https://fred.stlouisfed.org/series/UNRATE.

"농부들은 연방준비제도 본부로 트랙터를 몰고 와…", 빌 메들리Bill Medley, 'Volcker's Announcement of Anti-Inflation Measures', 세인트루이스 연방준비은행, 1979년 10월, https://www.federalreservehistory.org/essays/anti-inflation-measures.

148p. "먼저 멕시코가 디폴트 위기를…", 제임스 버튼James Boughton, 'The Mexican Crisis: No Mountain Too High?' 《Silent Revolution》(Washington, DC: International Monetary Fund, 2001), pp. 281.

149p. "미국 경제는 1983년부터 1989년까지 연간 4.3% 성장했다.", 'Percent Change From Preceding Period in Real Gross Domestic Product', BEA, 2021년 10월 28일, https://bit.ly/3wssZ4g.

"경제고통지수는…", 클레이 할톤Clay Halton, 'The Misery Index', Investopedia,

2021년 6월 1일, https://www.investopedia.com/terms/m/miseryindex.asp#citation-4.

"…22%라는 높은 수치를 보였다가…", 'U.S. Misery Index 1948–The Present', InflationData, https://inflationdata.com/articles/wp-content/uploads/2021/09/Misery-Index2-Aug-2021.png.

"달러는 여전히 금 1온스당 300달러에서 500달러까지 큰 변동 폭을 보였다.", Kitco, 과거 금 시세 차트.

"그린스펀은 2004년 의회 증언에서 다음과 같이 말했다…", 앨런 그린스펀, 'Monetary Policy and the State of the Economy', 미국 하원 금융 서비스 위원회 증언, 2004년 7월 21일, http://commdocs.house.gov/committees/bank/hba96942.000/hba96942_0f.htm.

"70년대 말 이래…", 네이션 루이스, 'If Alan Greenspan Wants To 'End the Fed', Times Must Be Changing', 〈포브스〉, 2013년 3월 14일.

150p. "저인플레이션 고성장기, 즉 '대완화기'…", 크레이그 하키오Craig Hakkio, 'The Great Moderation 1982–2007', 세인트루이스 연방준비은행, https://www.federalreservehistory.org/essays/great-moderation.

"많은 종류의 세금이 감면되거나 폐지되었다.", 네이션 루이스, 'The Flat Tax in Russia', New World Economics, 2010년 5월 30일, https://newworldeconomics.com/the-flat-tax-in-russia/.

"세계에서 가장 낮은 세율로…", 다니엘 미첼Daniel Mitchell, 'Flat Wrld, Flat Taxes', Cato Institute, 2007년 4월 27일, https://www.cato.org/commentary/flat-world-flat-taxes.

"13%의 평률소득세를…", 앨빈 라부시카Alvin Rabushka, 'The Flat Tax at Work in Russia', 〈*Hoover Daily Report*〉, 2002년 2월 21일.

151p. "루블화의 대 달러 환율이…", 루이스, 《골드》, pp. 359.

"러시아 경제는 2000년 10% 성장을…, 위의 책, pp. 359.

"금리는 몇 달 후 10% 미만으로 확 떨어졌다. 루이스, 'Flat Tax in Russia', 'Interest Rates, Discount Rate for Russian Federation', FRED, https://fred.stlouisfed.org/series/INTDSRRUM193N.

152p. "전 세계 국가들의 통화위원회를 설계하는 데 기여한…", 스티브 한케, 'Remembrances of a Currency Board Reformer: Some Notes and Sketches from the Field', 〈*Studies in Applied Economics*〉, No. 55, 2016년 6월.

"지역 통화는 기축 통화에 의해 '100%' 뒷받침되어…" 스티브 한케, 스티브 포브스가 진행한 인터뷰, TV 다큐멘터리 〈In Money We Trust?〉 원고,

153p. "두 발트 국가, 리투아니아와 에스토니아는…", 안드레아스 캇치스Andreas Katsis, 'Analysis of the Estonian Currrency Board', 〈Studies in Applied Economics〉, No. 88, 2017년 9월.

"라트비아도 통화위원회와 유사한 형태의 시스템에 따라…", 안데르스 오슬런드Anders Aslund, 발디스 돔브로우스키스Valdis Dombrovskis, 'Latvia's Post-Soviet Transition, How Latvia Came Through the Financial Crisis', Peterson Institute for International Economics, 2011년 5월 9일, https://www.piie.com/publications/chapters_preview/6024/01iie6024.pdf.

"다수의 아프리카 국가들도 통화위원회 같은 체제를 도입했다.", 스펜서 에이브롬스Spencer Abrohms, 커트 슐러Kurt Schuler, 'A Balance Sheet Analysis of the CFA Franc Zone', 〈Studies in Applied Economics〉, No. 143, 2019년 12월, https://sites.krieger.jhu.edu/iae/files/2019/12/A-Balance-Sheet-Analysis-of-the-CFA-Franc-Zone-1.pdf.

"홍콩은 1983년 이래 달러에 연결된 통화위원회를…", Katsis, 'Analysis'.

"1997년, 한케는 불가리아 정부에…", 스티브 한케, 토더 타네브Todor Tanev, 'On Extending the Currency Board Principle in Bulgaria: Long Live the Currency Board', 〈Studies in Applied Economics〉, No. 140, 2019년 11월, https://www.cato.org/sites/cato.org/files/2019-11/On-Extending-the-Currency-Board-Principle-in-Bulgaria-Long-Live-the-Currency-Board.pdf.

"한때 연간 2,000%를 넘어선…", 앤 마리 굴데Anne-Marie Gulde, 'The Role of the Currency Board in Bulgaria's Stabilization', 〈Finance & Development〉, Volume 36, Number 3, 1999년 9월, https://www.imf.org/external/pubs/ft/fandd/1999/09/gulde.htm.

"불가리아에서 명목 금리가 한 자릿수에…", 한케, 인터뷰 기록.

"불가리아 경제는 갑자기 호전되어 이내 5%에 가까운…", 세계은행, 'GDP Growth(annual %) – Bulgaria', https://data.worldbank.org/indicator/NY.GDP.MKTP.KD.ZG?locations=BG.

154p. "실패한 사례가 하나도 없었습니다.", 한케, 인터뷰 기록.

"아르헨티나는 1991년 초 '태환법 체제'를…", 스티브 한케, 'Why Argentina Did Not Have a Currency Board', 〈Central Banking〉, Vol. 8, No. 3, 2008년 2월, https://ww.cato.org/sites/cato.org/files/articles/hanke_feb2008_argentina_currencyboard.pdf.

"…안정성이 없으면 모든 것이 아무런 의미가 없다.", 한케, 인터뷰 기록.

155p. "19세기 후반 금 본위제 시대에 인플레이션이…", 제임스 돈James Dorn, 'How the Classical Gold Standard Can Inform Monetary Policy', 〈Cato Journal〉, 2020년

가을호

156p. "이와 관련하여 경제학자 주디 셸턴의…", 주디 셸턴, 스티브 포브스가 진행한 인터뷰, 2018년 4월 18일, TV 다큐멘터리 〈In Money We Trust?〉 원고.

158p. "브레턴우즈 체제에서 제한되었던 환율 변동폭인 1% 범위에서…", 세인트루이스 연방준비은행, 'Creation of the Bretton Woods System,', 1944년 7월, https://www.federalreservehistory.org/essays/bretton-woods-created.

161p. "미국에는 금이 대략 2억 6,100만 온스밖에 없으며…", 미국 국무부, 'U.S Treasury Owned Gold', Fiscal Data, https://fiscaldata.treasury.gov/datasets/status-report-government-gold-reserve/u-s-treasury-owned-gold.

"본원 통화는 6조 달러가 넘는다.", 연방준비제도 이사회, 'Monetary Base; Total', FRED, https://fred.stlouisfed.org/series/BOGMBASE.

163p. "1934년에서…", 더글라스 어윈Douglas Irwin, 'Gold Sterilization and the Recession of 1937-38', Working Paper 17595, NBER, 12, https://www.nber.org/system/files/working_papers/w17595/w17595.pdf.

"…1971년까지는", 연방준비제도 이사회, 'Monetary Base; Total', 세인트루이스 연방준비은행, https://fred.stlouisfed.org/series/BOGMBASE.

"금 1온스당 35달러의 비율로…", 'Brief History of the Gold Standard in the United States', CRS, 2011년 6월 23일, https://crsreports.congress.gov/product/pdf/R/R41887/2.

"배리 아이켄그린이 가장 신랄하게 금 본위제를 평가했는데…", 배리 아이켄그린Barry Eichengreen, 《황금 족쇄Golden Fetters》(New York: Oxford University Press, 1992), Introduction.

"대공황을 일으킨 실제 원인은…", 루이스, 《골드》, pp. 226.

164p. "당시 미국은 1932년 세금을 급격히 인상하는…", 앨런 레이놀즈Alan Reynolds, 'The Economic Impact of Tax Changes, 1920-1939', 〈Cato Journal〉, Cato Institute, 2021년 겨울호.

165p. "20개가 넘는 국가들이 자국 통화를 약화시켰다.", 네이선 루이스, 'Currency Devaluations of the 1930s', New World Economics, 2021년 9월 30일, https://newworldeconomics.com/currency-devaluations-of-the-1930s/.

"1944년, 연합국과 중립국의 대표들이 뉴햄프셔에서 열린…", 산드라 콜렌 기조니Sandra Kollen Ghizoni, 'Creation of the Bretton Woods System July 1944', 세인트루이스 연방준비은행, https://www.federalreservehistory.org/essays/bretton-woods-created.

169p. "1970년대 스태그플레이션 시기에 〈포브스〉는…", 'Inflation: You Are Losing Your Assets', 〈포브스〉, 1974년 3월 1일, pp. 28.

170p. "1970년대 인플레이션이 반영된 다우존스 산업평균지수는…", 'Dow Jones-DJIA-100 Year Historical Chart', Macrotrends, https://www.macrotrends. net/1319/dow-jones-100-year-historicalchart.

"21세기 첫 10년 동안 다우 지수는…", 'Dow Jones - DJIA - 100 Year Historical Chart', Macrotrends, https://www.macrotrends.net/1319/dow-jones-100-year-historical-chart.

171p. "소비자물가지수의 산출 방식…", BLS, 'Consumer Price Index', https://www.bls.gov/cpi/additional-resources/historical-changes.htm.

172p. "다양한 형태의 소비자물가지수…", 바클레이 팔머Barclay Palmer, 'Why Is the Consumer Price Index Controversial?', Investopedia, 2021년 7월 23일, https://www.investopedia.com/articles/07/consumerpriceindex.asp.

"CPI 인플레이션 계산기는…", BLS, https://www.bls.gov/data/inflation_calculator.htm.

"개인소비지출 물가지수는…", BEA, 'The Personal Consumption Expenditure Price Index', https://www.bea.gov/data/personal-consumption-expenditures-price-index.

"CPI와 달리…", 노아 존슨Noah Johnson, 'A comparison of PCE and CPI: Methodological Differences in U.S. Inflation Calculation and their Implications', 연구논문, BLS, 2017년 11월, https://www.bls.gov/osmr/research-papers/2017/pdf/st170010.pdf.

173p. "2020년 7월 연간 인플레이션 수준이 1% 정도였다", BLS, https://beta.bls.gov/dataViewer/view/timeseries/CUUR0000SA0.

174p. "2021년 석유 가격이 상승한 현상은…" 'Petroleum & Other Liquids', chart, https://www.eia.gov/dnav/pet/hist/RWTCD.htm.

"바이든 행정부가 미국 내 에너지 생산을 규제했기 때문이다", 벤 카힐Ben Cahill, 'Biden Makes Sweeping Changes to Oil and Gas Policy', 전략국제연구센터 CSIS, 2021년 1월 28일, https://www.csis.org/analysis/biden-makes-sweeping-changes-oil-and-gas-policy.

175p. "중앙은행의 자산과 부채는…", 'Factors Affecting Reserve Balances - H.4.1', 연방준비제도, https://www.federalreserve.gov/releases/h41/.

176p. 통화 공급 정보를 얻으려면, 연방준비제도, 'Money Stock Measures‐H.6 Release', https://www.federalreserve.gov/releases/h6/current/default.htm.

177p. "통화 유통 속도⋯", 세인트루이스 연방준비은행, 'Velocity of M2 Money Stock', FRED, https://fred.stlouisfed.org/series/M2V.

181p. "1969년에서 1980년까지 석유 가격이", 세인트루이스 연방준비은행, 'Spot Crude Oil Price: West Texas Intermediate(WTI)', FRED, https://fred.stlouisfed.org/series/WTISPLC.

"세계 최대 석유기업 엑손의 주가가⋯", 엑손모빌, Yahoo!Finance, 2021년, https://finance.yahoo.com/quote/XOM/history?period1=‐31536000&period2=340156800&interval=1d&‐filter=history&frequency=1d&includeAdjustedClose=true.

182p. "어느 투자도 좋은 실적으로 이어지지 않았다.", 'When Exxon Could Have Beaten Intel', 〈포브스〉, 1997년 7월 7일.

"자일로그의 한 고위 임원은⋯", 'Oral History Panel on the Development and Promotion of the Zilog Z8000 Microprocessor', (구술기록) Computer History Museum Archive, 2007년 4월 27일, https://archive.computerhistory.org/resources/access/text/2015/06/102658075‐05‐01‐acc.pdf.

183p. "워런 버핏은 이렇게 지적했다⋯", 'Warren Buffett address inflation to Berkshire Hathaway shareholders', Berkshire Hathaway, 1981년 2월 27일, https://www.berkshirehathaway.com/letters/1980.html.

184p. "'배당 귀족' 종목 목록을⋯", 존 디바인John Divine, '2021 Dividend Aristocrats List: All 65 Stocks', 〈US News&World Report〉, 2021년 5월 7일.

186p. "⋯연평균 9%가 넘는 수익률을 기록했다.", 제임스 로얄James Royal, 아리엘라 오세아Arielle O'Shea, 'What is the Average Stock Market Return?', NerdWallet, 2021년 8월 11일, https://www.nerdwallet.com/article/investing/average‐stock‐market‐return.

187p. "SPAC은 투기성 도구로⋯", 'What You Need To Know About SPACs', 미국 증권거래위원회SEC, 2021년 5월 25일, https://www.sec.gov/oiea/investor‐alerts‐and‐bulletins/what‐you‐need‐know‐about‐spacs‐investor‐bulletin.

188p. TIPS에 관한 몇 가지 조언, 브라이언 오코넬Brian O'Connell, 존 슈미트John Schmidt, 'Treasury Inflation‐Protected Securities(TIPS)', 〈포브스〉, 2021년 4월 13일.

189p. "1970년대에 주택 가격은 148%나 상승했다.", 'US Census Bureau and US Department of Housing and Urban Development', 'Average Sales Price of

Houses Sold for the United States', FRED, https://fred.stlouisfed.org/series/ASPUS.

"…최대의 주택건설 붐이 세 차례 있었다.", 미국 인구조사국, 주택도시개발국, 'New Privately-Owned Housing Units Started: Total Units', FRED, https://fred.stlouisfed.org/series/HOUST.

191p. "뉴욕시에서는 투자금을 회수하지 못해 절망한 주택 소유자들이…", 발레리아 리치우일리Valeria Ricciuilli, 'In the 1970s, the Bronx was Burning, but Some Residents Were Rebuilding', Curbed New York, 2019년 5월 3일. https://www.millionacres.com/real-estate-investing/reits/reit-investing-101/historical-reit-spreads-dividend-yields-vs-us-treasuries/.

"수익률이 거의 8%나 되었던…", 'Historical REIT Spreads: Dividend Yields vs. U.S. Treasuries', Millionacres, 2021년 8월 10일, https://www.millionacres.com/real-estate-investing/reits/reit-investing-101/historical-reit-spreads-dividend-yields-vs-us-treasuries/.

"리츠의 수익률은 평균 2%에서 3%…", 리사 스프링거Lisa Springer, '10 Best REITs for the Rest of 2021', Kiplinger, 2021년 8월 31일, https://www.kiplinger.com/investing/reits/603383/10-bestreits-for-the-rest-of-2021.

"리츠로 구성된 ETF 주식을…", Investopedia, '"REITs vs. REIT ETFs: How They Compare', 2021년 5월 16일, https://www.investopedia.com/articles/investing/081415/reits-vs-reit-etfs-how-they-compare.asp.

"목재 리츠는…", 매튜 프랭클Matthew Frankel, 'How to Invest in Timber REITs', Motley Fool, 2019년 8월 27일. https://www.fool.com/investing/how-to-invest-in-timber-reits.aspx.

192p. "미국 농장 리츠로는…", 매튜 디랄로Matthew DiLallo, 'Investing in Farmland: A Real Estate Investor's Guide', Millionacres, 2021년 10월 4일, https://www.millionacres.com/real-estate-investing/investing-farmland-real-estate-investors-guide/.

193p. "1960년대 말 시작된 인플레이션 시기에 금 가격은…", 과거 금 시세 차트, Kitco, https://www.kitco.com/charts/historicalgold.html.

194p. "금 1온스가 대략 은 16온스의 가치가 되었을 때…", 래리 마가삭Larry Margasak, 'Silver vs. Gold: William Steinway's Wedge Issue of the 1896 Election', 국립 미국사 박물관, 2014년 10월 29일, https://americanhistory.si.edu/blog/silver-vs-gold-william-steinways-wedge-issue-1896-election.

"70온스 이상의 은이 있어야…", APMEX, 귀금속 환산 차트, https://www.apmex.com/education/science/oz-to-gram-to-kilo-to-grain-conversiontables.

195p. "금 대비 은의 가치가 역대 최저가로…", Longtermtrends, 금은 비율, https://www.longtermtrends.net/gold-silver-ratio/.

196p. "일론 머스크같은 기술 분야 공상가들이…", 빌리 밤브루Billy Bambrough, 'Tesla Billionaire Elon Musk Signals Surprise Dogecoin 'Update' Support as The Bitcoin Price Suddenly Surges', 〈포브스〉, 2021년, 10월 14일.

"머스크의 테슬라…", 누르 자인압 후세인Noor Zainab Hussain, 니베디타 발루 Nivedita Balu, 'Tesla Will 'Most Likely' Restart Accepting Bitcoin as Payments, Says Musk', 로이터, 2021년 7월 22일, https://www.reuters.com/business/autos-transportation/tesla-will-most-likely-restart-accepting-bitcoin-payments-says-musk-2021-07-21/.

"또 페이팔 같은 기업들은…", 페이팔, 'Cryptocurrency at PayPal', https://developer.paypal.com/docs/crypto/.

"엘살바도르가 비트코인을 법정 통화로 지정한…", 윌프레도 피네다Wilfredo Pineda, 넬슨 렌테리아Nelson Renteria, 'One Month On, El Salvador's Bitcoin Use Grows but Headaches Persist', 로이터, 2021년 10월 8일, https://www.reuters.com/technology/one-month-el-salvadors-bitcoin-use-grows-headaches-persist-2021-10-07/.

197p. "비트코인은 하루아침에 그 가치가…", 찰스 보베어드Charles Bovaird, 'Bitcoin Lost Roughly 50% Of Its Value in A Day', 〈포브스〉, 2020년 3월 12일.

"'스테이블코인'이라는 새로운 범주의 암호화폐가…", 애덤 헤이즈Adam Hayes, 'Stablecoin', Investopedia, 2021년 8월, https://www.investopedia.com/terms/s/stablecoin.asp.

198p. "암호화폐가 늘 지급 금액과 맞아떨어지지 않는다는…", 앤디 케슬러Andy Kessler, 'Crypto is Shedding its Tether', 〈월스트리트저널〉, 2021년 10월 24일.

199p. "고통스러운 디플레이션이 뒤따랐다.…", 세인트루이스 연방준비은행, 'Spot Crude Oil Price: West Texas Intermediate(WTI)', FRED, https://fred.stlouisfed.org/series/WTISPLC.

"레이건이 1980년 대통령에 선출되었을 때…", 과거 금 시세 차트, Kitco, https://www.kitco.com/charts/historicalgold.html.

201p. "1950년에서 1970년까지 달러로 측정된 일본의 GDP는…", 네이션 루이스, 'Greece Needs the Magic Formula to Become the Wealthiest Country in the Eurozone', New World Economics, 2015년 3월 26일, https://newworldeconomics.com/greece-needs-the-magic-formula-to-become-the-wealthiest-country-in-the-eurozone/.

202p. "소비에트 연방까지도 자유 시장 경제로…", 존 듀드니John Dewdney, 'Soviet Union, 〈브리태니커 백과사전〉, https://www.britannica.com/place/Soviet-Union.

"전 세계 20개국 이상이 채택한 '단일 세율' 소득세제는…", 다니엘 미첼Daniel Mitchell, 'Flat World, Flat Taxes', Cato Institute, 2007년 4월 27일, https://www.cato.org/commentary/flat-world-flat-taxes.

"이 제도를 선택한 국가들의 명목 GDP 성장률은…", 네이션 루이스, 'Rise of the Flat Tax Gives Us Morning in Albania', 〈포브스〉, 2011년 9월 29일.

6장 번영으로 가는 길

207p. "1조 달러짜리 동전을 발행하는 아이디어를…", 주디 셸턴, 'How the Fed Finances U.S. Debt', 〈월스트리트저널〉, 2021년 10월 13일.

209p. "'기후 변화'에 대응하기 위해…", 레이얼 브레이너드Lael Brainard, "Financial Stability Implications of Climate Change', 연방준비제도, 2021년 3월 23일, https://www.federalreserve.gov/newsevents/speech/brainard20210323a.htm.

알렉산더 윌리엄 솔터Alexander William Salter, 다니엘 스미스Daniel Smith, 'End the Fed's Mission Creep', 〈월스트리트저널〉, 2021년 3월 25일.

211p. "〈뉴스위크〉에 따르면…", 조시 해머Josh Hammer, 'COVID-19 Has Forever Destroyed Americans' Trust in Ruling Class 'Experts'', 〈뉴스위크〉, 2021년 6월 4일.

"3억 3,000만명으로 구성된…", 미국 인구조사국, 'U.S. and World Population Clock', https://www.census.gov/popclock/.

215p. "1인당 소득이 72% 높아질 것이다.", BEA, 'Table 7.1 Selected Per Capita Product and Income Series in Current and Chained Dollars', https://apps.bea.gov/iTable/index_nipa.cfm.

"경제는 50% 이상 성장할 수 있다.", BEA, 'Table 1.1.1 Percent Change from Preceding Period in Real Gross Domestic Product', https://apps.bea.gov/iTable/index_nipa.cfm.

BEA, 'Table 1.1.6 Real Gross Domestic Product, Chained Dollars', https://apps.bea.gov/iTable/index_nipa.cfm.

216P. "존 로크는 인플레이션을 '정의에 대한 공공의 실패'라고…", 펠릭스 왈드먼Felix Waldmann, 'Additions to De Beer's Correspondence of John Locke', ⟨*Locke Studies*⟩, 2018년 2월 15일, pp. 31~52, https://ojs.lib.uwo.ca/index.php/locke/article/view/672/444.

217P. "…케인스는 인정했다.", 존 메이너드 케인스, 《*The Economic Consequences of the Peace*》(New York: Harcourt, Brace, and Howe: 1920).

218P. "한 연구에 따르면, 브레턴우즈 체제 및 고전적 금본위제 시기와…", 마이클 보르도Michael Bordo, 배리 아이켄그린, 다니엘라 클링비엘Daniela Klingebiel, 마리아 솔레다드 마르티네즈-페리아Maria Soledad Martinez-Peria, 앤드류 로즈Andrew Rose, 'Is the Crisis Problem Growing More Severe?', ⟨*Economic Policy*⟩, 32: pp. 51~82.

219P. "…더 많은 부를 창출했다.", 앵거스 매디슨Angus Maddison, 'World Per Capita GDP(Inflation Adjusted)' (chart), 《*The World Economy: A Millennial Perspective*》(OECD, 2001), pp. 264.

"그리고 1960년대 내내…", BLS, 'Unemployment Rate', FRED, https://fred.stlouisfed.org/series/UNRATE.

화폐의 추락

1판 1쇄 **인쇄** 2022년 10월 12일
1판 1쇄 **발행** 2022년 10월 28일

지은이 스티브 포브스, 네이선 루이스, 엘리자베스 에임스
옮긴이 방영호

발행인 양원석 **편집장** 박나미 **책임편집** 이수빈
디자인 남미현, 김미선 **영업마케팅** 조아라, 이지원, 박찬희, 전상미

펴낸 곳 ㈜알에이치코리아
주소 서울시 금천구 가산디지털2로 53, 20층(가산동, 한라시그마밸리)
편집문의 02-6443-8867   **도서문의** 02-6443-8800
홈페이지 http://rhk.co.kr
등록 2004년 1월 15일 제2-3726호

ISBN 978-89-255-7740-1 (03320)